AF561470

BIBLIOTHÈQUE NATIONALE

ARRÊT
DE LA COUR
DE PARLEMENT,
RENDU
TOUTES LES CHAMBRES ASSEMBLÉES,
LES PRINCES ET PAIRS Y SÉANS,

Du sept Mai mil sept cent soixante-dix-sept.

Qui, SANS S'ARRÊTER *aux différentes plaintes* EN SUBORNATION, *rendues, tant au Châtelet de Paris, qu'en la Cour, par Julie de Villeneuve de Vence, épouse de Jules-Fauris de Saint-Vincent, contre le Maréchal Duc de Richelieu:*

AYANT ÉGARD AUX PLAINTES EN FAUX PRINCIPAL *rendues audit Châtelet par ledit Maréchal Duc de Richelieu:*

DÉCLARE FAUX *les signatures & les* CONSTATÉS OU BON

(92)

POUR, apposés AU BAS DES DOUZE BILLETS AU PORTEUR dont il s'agit au procès:

DÉCLARE pareillement FAUSSES l'écriture & les signatures des VINGT-DEUX LETTRES ET FRAGMENS DE LETTRES dont est pareillement question au procès.

En conséquence, faisant droit sur les Conclusions du Procureur Général de S. M. ORDONNE QUE LESDITS BILLETS ET LETTRES SERONT LACÉRÉS PAR LE GREFFIER DE LA COUR.

Sur les accusations en faux principal, intentées à la requête du Maréchal Duc de Richelieu, CONTRE LADITE JULIE DE VILLENEUVE DE VENCE DE SAINT-VINCENT, portées en ses différentes plaintes, met les Parties HORS DE COUR, tous dépens entr'elles compensés.

Faisant droit sur les accusations intentées, à la requête dudit Maréchal Duc de Richelieu, contre FRANÇOIS DE VEDEL-MONTEL, Lieutenant-Colonel d'Infanterie, ci-devant Major du Régiment Dauphin, & JEAN-BAPTISTE BENAVENT, LEUR ENJOINT D'ESTRE A L'AVENIR PLUS CIRCONSPECTS, & néanmoins condamne ledit Maréchal Duc de Richelieu, envers chacun d'eux, PAR FORME DE DOMMAGES-INTÉRESTS, en tous les dépens par eux faits, tant au Châtelet qu'en la Cour.

DECHARGE Guillaume-Bazile CANRON des plaintes & accusations contre lui intentées; ET NEANMOINS, faisant droit sur les Conclusions du Procureur-Général de S. M., ENJOINT AUDIT CANRON D'ESTRE A L'AVENIR PLUS CIRCONSPECT ET NE PLUS ALTERER DES BILLETS PAR DES ACCEPTATIONS SIMULÉES, CONDAMNE le Maréchal Duc de Richelieu en TROIS MILLE LIVRES DE DOMMAGES-INTERESTS, envers ledit CANRON, & en tous les dépens faits par ledit Canron, tant au Châtelet qu'en la Cour.

DECHARGE pareillement l'Abbé de VILLENEUVE-FLAYOSC, l'Abbé DE VILLENEUVE-TRANS, l'Abbé Froment, Me CLAUDE-ETIENNE ALLEON DES GOUTTES, la veuve Leroy, Etienne Dubois, Claude-Guillaume Boucher de Préville, & François Rubit l'aîné, de toutes plaintes & accusations contre eux intentées à la requête du Maréchal Duc de Richelieu; ordonne la radiation & biffure des écrous de l'Abbé de Villeneuve-Flayosc, veuve Leroy, Dubois & Rubit l'aîné; condamne ledit Maréchal Duc de Richelieu en trente mille livres envers l'Abbé de Villeneuve Flayosc, en dix mille livres envers l'Abbé de Villeneuve-Trans, en trois mille livres envers l'Abbé Froment, en six mille livres envers Alleon des Gouttes, en dix mille livres envers la veuve Leroy, en trois cents livres envers Dubois, en mille livres envers Boucher de Preville, & en deux mille livres envers Rubit, l'aîné; le tout de dommages-intérêts: condamne en outre ledit Maréchal Duc de Richelieu, envers chacun desdits susnommés, en tous les dépens par eux faits, tant au Châtelet qu'en la Cour.

CONDAMNE LA DAME DE SAINT-VINCENT A PAYER AUDIT BOUCHER DE PREVILLE LA SOMME DE SOIXANTE MILLE LIVRES, MONTANT DU BILLET A LUI NEGOCIE', avec les intérêts du jour de l'échéance dudit billet, & AUX DEPENS à cet égard envers ledit de Preville.

CONDAMNE pareillement la Dame DE SAINT-VINCENT A

PAYER AUDIT RUBIT L'AINÉ, LA SOMME DE QUATRE-VINGT MILLE LIVRES, MONTANT DES TROIS BILLETS A LUI NEGOCIÉS, avec les intérêts à compter du jour de l'échéance desdits billets, & AUX DEPENS à cet égard envers ledit Rubit.

Déclare QU'IL N'Y A LIEU A DONNER SUITE AUX DÉNONCIATIONS FAITES & signifiées au Procureur-Général de S. M. PAR LES PARENS DE LA DAME DE SAINT-VINCENT; en conséquence, ordonne que lesdites DENONCIATIONS, ENSEMBLE les pieces y jointes, déposées au Greffe criminel de la Cour, Y SERONT ET DEMEURERONT SUPPRIMÉES.

Ordonne que les termes injurieux répandus dans les différentes Requêtes & Mémoires respectifs des Parties, seront & demeureront supprimés.

Sur les demandes EN PRISE A PARTIE, formées contre LE LIEUTENANT CRIMINEL DU CHATELET DE PARIS, MET LES PARTIES HORS DE COUR; faisant droit sur les Conclusions du Procureur-Général de S. M. ordonne l'exécution de l'Arrêt de Réglement du 4 Juin 1699; en conséquence ordonne QUE LES TERMES INJURIEUX AUDIT LIEUTENANT CRIMINEL, contenus dans les différens Mémoires & Requêtes des Parties, SERONT ET DEMEURERONT PAREILLEMENT SUPPRIMÉS.

Ordonne la remise des actes produits par le Maréchal Duc de Richelieu, pour servir de pieces de comparaison à Dumoulin & Arnould, Notaires, à l'effet par eux de les rétablir au rang de leurs minutes.

Ordonne la remise de toutes les autres pieces & lettres étant au procès, & non déclarées fausses, aux Parties à qui elles appartiennent.

Sur le surplus de toutes les autres demandes, fins & conclusions respectives des Parties, les met hors de Cour.

Permet aux Abbés de Villeneuve-Flayosc & de Villeneuve-Trans à la veuve Leroy, Dubois, Alleon des Gouttes, Boucher de Preville, & Rubit l'aîné, de faire imprimer le présent Arrêt, chacun jusqu'à la concurrence de cinquante exemplaires, & d'en faire afficher dix, aussi chacun, par-tout où bon leur semblera; le tout aux frais & dépens dudit Maréchal Duc de Richelieu.

LOUIS, PAR LA GRACE DE DIEU, ROI DE FRANCE ET DE NAVARRE: au premier huissier de notre Cour de parlement, ou autre notre huissier ou sergent sur ce requis; SALUT. Savoir faisons que, vu par notredite cour, toutes les chambres assemblées, suffisamment garnies de Pairs, le procès criminel encommencé par le prévôt de Paris ou son lieutenant criminel au châtelet, & depuis continué, fait & parfait en notredite cour, à la requête de Louis-François-Armand Duplessis, duc de Richelieu, pair & maréchal de France, chevalier de nos ordres, premier gentilhomme de notre chambre, gouverneur & lieutenant-général de la province de Guyenne, noble Génois, demandeur & accusateur, & partie civile; notre procureur-général joint: contre Julie de Villeneuve de Vence, épouse de Jules-Fauris de Saint-Vincent, président de notre parlement d'Aix; Guillaume-Bazile Canron, bourgeois de Paris; François de Vedel-Montel, lieutenant-colonel d'infanterie, major du régiment du Perche; Marie-Anne Bréard, veuve de Jean-Joseph Leroy, marchand-mercier, elle bourgeoise de Paris; Antoine-François-Balthasard, Marie-Elisabeth de Villeneuve-Flayosc, clerc tonsuré ; Jean-Baptiste Benavent, intéressé dans nos affaires ; François-Antoine Rubit, l'aîné, marchand-frippier à Paris ; Claude-Guillaume Boucher de Preville, caissier-général des poudres & salpêtres du royaume ; Gabriel-Marc Froment, ci-devant prêtre-chapelain du couvent de la Miséricorde de Paris, & actuellement chanoine du chapitre royal & abbatial de Saint-Sauveur de Figeac en Quercy ; Alexandre-Marie de Villeneuve, Trans, prêtre ; Claude-Etienne Alléon des Gouttes, Avocat en notredite cour ; Etienne Dubois, commerçant par commission à Paris, défendeurs & accusés ; & encore contre Antoine-Joseph Sube, intendant du duc de Fronsac, aussi accusé, décédé le 26 Décembre 1775, suivant son extrait mortuaire délivré par Bouvier, prêtre de la paroisse Saint-Roch, le 26 Mars 1776 : la procuration donnée par le maréchal duc de Richelieu à François Marion, avocat en notredit parlement, & greffier au châtelet de Paris, le 22 Juillet 1774 ; ladite procuration passée devant Chalu & son confrere, notaires à Bordeaux, à l'effet de rendre plainte audit châtelet en faux principal des faits énoncés en ladite procuration ; la plainte en faux principal, rendue par ledit Marion ès noms au Commissaire Chenon, pere, le 27 du même mois de Juillet ; la requête présentée par ledit Marion ès noms au lieutenant criminel du châtelet de Paris, à fin de faire informer des faits contenus en ladite plainte, circonstances & dépendances ; l'ordonnance du lieutenant criminel dudit châtelet, de soit montré au substitut de notre procureur-général audit siege, du 5 Août 1774 ; les conclusions dudit substitut étant au bas, du même jour ; l'ordonnance dudit lieutenant criminel, aussi du même jour, étant ensuite, par laquelle il a été donné acte au maréchal duc de Richelieu de sa plainte en faux principal contre *les auteurs, fauteurs, complices & adhérens* de la fabrication des billets au porteur prétendus signés par le maréchal duc de Richelieu, à quelques sommes qu'ils puissent monter, ainsi qu'il est porté en ladite plainte ; & en conséquence il lui a été permis d'en faire informer, ainsi que de la négociation qui peut en avoir été faite, tant par titres que par témoins, devant le commissaire Chenon qui a reçu ladite plainte, & par comparaison d'écritures par Guillaume,

& Liverloz, qui ont été nommés d'office, sur pieces de comparaison qui seroient administrées & admises, conformément à l'ordonnance ; lesquels experts écrivains seroient entendus en dépositions : comme aussi il a été dit que les billets au porteur, argués de faux, seroient apportés au greffe criminel ; à ce faire, le dépositaire ou dépositaires contraints par toutes voies dues & raisonnables, même par corps, vingt-quatre heures après la sommation qui leur en seroit faite, pour desdits billets être dressé procès-verbal, en présence dudit lieutenant criminel, & en celle dudit substitut ; &, au surplus, il a été permis audit maréchal de Richelieu de faire procéder à ladite information, avant le dépôt desdites pieces ; le tout conformément à l'ordonnance, pour le tout fait & communiqué audit substitut être par lui requis & par ledit lieutenant criminel ordonné ce qu'il appartiendroit ; l'information faite en conséquence par le commissaire Chenon, pere, le 8 Août 1774 & jours suivans, composée de vingt-sept témoins, à la déposition du dix-huitieme desquels témoins, *est jointe une reconnoissance du 21 Juillet 1774, donnée à l'Abbé de Villeneuve par ledit témoin* ; la requête présentée audit lieutenant criminel par le maréchal duc de Richelieu, tendante à ce qu'il plût audit juge, en décrétant ladite information, ordonner l'apposition des scellés sur les papiers & effets de ceux qui seroient décrétés, au bas de laquelle requête est l'ordonnance dudit juge, du 14 Août 1774, portant soit montré audit substitut ; les conclusions dudit substitut du même jour, & l'ordonnance dudit lieutenant criminel, aussi du même jour, par laquelle il a été dit que les pieces jointes à l'information du 8 du même mois, ensemble une expédition du procès-verbal d'apposition, reconnoissance & levée de scellés de notre ordre par le commissaire Chenon sur les papiers de Julie de Villeneuve de Vence, épouse de Jules Fauris de Saint-Vincent, président de notredit parlement d'Aix, & de Jean-Baptiste Benavent, seroient déposés au greffe, pour servir à l'instruction du procès ce que de raison, & cependant que la dame de Saint-Vincent, ledit Benavent, l'abbé de Vence de Villeneuve, le sieur de Vedel-Montel, le nommé Rubit, la demoiselle Leroy & le nommé Dubois, seroient pris au corps, & que le nommé Froment, vingt-septieme témoin de ladite information seroit assigné pour être ouï ; comme aussi il a été permis au maréchal duc de Richelieu de faire apposer par ledit Commissaire Chenon les scellés sur les papiers & effets qui se trouveroient appartenir à ladite dame de Saint-Vincent, audit Benavent, audit abbé de Villeneuve, audit de Vedel-Montel, audit Rubit, à la veuve Leroy & au nommé Dubois, le tout à ses risques, périls & fortunes ; le procès-verbal de transport du 25 Juillet 1774 de Marie-Joseph Chenon, fils, commissaire au châtelet de Paris, substituant Me Chenon, son pere & son confrere, en vertu de nos ordres, en date du 24 dudit mois de Juillet, à lui adressés, accompagné d'Henry, inspecteur de police, rue de Ménard, chez Jean-Baptiste Benavent, à l'effet de faire perquisition dans les papiers dudit Benavent, & les mettre sous scellés ; ledit procès-verbal contenant en même tems l'apposition des scellés par ledit Chenon fils, sur les papiers dudit Benavent, lesquels papiers ont été laissés en la garde dudit Henry, inspecteur de police, pour les représenter quant & à qui il appartiendroit ; autre procès-verbal dudit jour, dressé par Pierre Chenon pere, en présence dudit Benavent & dudit Henry, inspecteur de police, contenant la reconnoissance & levée des scellés apposés sur les papiers dudit Benavent par ledit Chenon fils ; l'interrogatoire subi par ledit Benavent le même jour 25 Juillet 1774, devant Chenon pere ; autre procès-verbal, aussi du même jour, de transport dudit commissaire Chenon pere, en vertu de nos ordres du 24, accompagné de Buhot, inspecteur de police, rue du Vieux-Colombier, au couvent de la miséricorde, à l'effet de faire perquisition dans l'appartement de la deme de Saint-Vincent, saisir ses papiers & les renfermer sous scellés, ledit procès-verbal contenant en même tems l'apposition des scellés, par ledit Chenon pere, sur les papiers de la dame de Saint-Vincent, lesquels papiers ont été laissés en la garde dudit Buhot, pour les représenter quand & ainsi qu'il appartiendroit ; l'interrogatoire subi par la dame de Saint-Vincent, le même jour, devant ledit Chenon pere ; autre interrogatoire subi par ladite dame de Saint-Vincent, devant ledit Chenon pere, le 28 Juillet 1774, de relevée au château de la Bastille ; autre procès-verbal du 25 dudit mois de

Juillet

Juillet, de transport dudit commissaire Chenon pere, en vertu de nos ordres du 24 du même mois, accompagné dudit Buhot, inspecteur de police, rue du Vieux-Colombier, au couvent de la miséricorde, à l'effet de faire perquisition dans la chambre de l'abbé Froment, & saisir ses papiers, & les renfermer sous scellés, ledit procès-verbal contenant en même tems l'apposition de scellés par ledit Chenon pere, sur les papiers dudit abbé Froment, lesquels papiets ont été laissés en la garde dudit Buhot pour les représenter quand & ainsi qu'il appartiendroit; autre procès-verbal dudit jour, dressé par Me Chenon pere, en présence dudit sieur abbé Froment & dudit Buhot, inspecteur de police, contenant la reconnoissance & levée desdits scellés, & l'interrogatoire subi, ledit jour 25 Juillet, par ledit Froment, devant ledit Me Chenon pere; la déclaration faite, le même jour 25 Juillet, audit commissaire Chenon, & reçue par lui, en vertu des ordres à lui adressés par le lieutenant de police, de la part de François de Vedel-Montel, major du régiment Dauphin infanterie, avec commission de lieutenant-colonel; autre déclaration faite au même commissaire par ledit de Vedel-Montel, le 26 dudit mois de Juillet; le procès-verbal du 24 Juillet 1774 de relevée au château de la Bastille, de reconnoissance & levés de scellés apposés sur les papiers de ladite dame de Saint-Vincent, dressé par ledit commissaire Chenon pere, en présence de ladite dame de Saint-Vincent & dudit Buhot, inspecteur de police; la déclaration faite audit commissaire, le 26 Juillet 1774, par Marie-Anne Béard, veuve de Jacques-Joseph Leroy, négociant à Paris; autre déclaration faite au même commissaire, le même jour, par Jean-Joseph Onion, bourgeois de Paris; autre déclaration faite au même commissaire, le même jour, par Claude Blondeau, courtier d'[illegible]; autre déclaration faite au même commissaire, le 29 dudit mois de Juillet, par Erienne Vezou, ancien banquier; autre déclaration faite au même commissaire, le même jour, par Antoine Robert, maître coutelier à Paris; les comparutions de Jean Guillaume & Pierre Liverloz, maîtres écrivains, chez ledit maître Chenon pere, commissaire, du 27 Juillet 1774, auxquels ont été remises sept pieces énoncées au procès-verbal, en vertu des ordres adressés audit commissaire; savoir, premiérement un billet au porteur de 20,000 livres, causé, valeur reçue de M. . . . . . . daté du 15 Décembre 1773, & payable dans 18 mois de sa date, signé *Le M. . . . duc de Richelieu*; secondement, une lettre sans adresse, datée de Paris du 20 Avril 1774, signé de M. le duc de Richelieu, dans laquelle il s'agit d'obtenir une place pour le sieur Vedel, au bas du *recto*, sont ces mots : *Monsieur Benavent, intéressé dans les affaires du roi*; troisiémement, une lettre datée de Bordeaux, du 12 Juillet 1774, entiérement écrite & signée par M. le maréchal duc de Richelieu à M. le lieutenant général de police; quatriémement, trois ordres de paiement, adressés au sieur Agron, des 28 Juin, 3 & 30 Juillet 1768, tous datés de Bordeaux, & signés le maréchal duc de Richelieu; cinquiémement, un mandat, du 28 Mars 1766, de 1000 livres au porteur à M. l'abbé Blet, écrit & signé par M. le duc de Richelieu, au pied duquel est mention qu'il a été acquitté; sixiémement, une lettre datée de Versailles le 9 Mai 1774, au sieur Marion, dont le corps est écrit par le sieur Clermont, secretaire de M. le maréchal de Richelieu, & la signature de ce seigneur; septiémement, enfin une lettre écrite audit sieur Marion, par ledit sieur Clermont, datée de Bordeaux, 25 Juin 1774; le rapport desdites pieces audit commissaire par Liverloz, l'un desdits écrivains, le 30 dudit mois de Juillet, desquelles ledit Liverloz, ainsi que ledit Guillaume, demeurent déchargés; le procès-verbal de transport du commissaire Chenon, accompagné de Despanviers, huissier à cheval & Officier du cabinet criminel, du 16 Août 1774, en exécution de l'ordonnance du lieutenant criminel du châtelet, du 14 du même mois, & ci-dessus énoncée, rue du Vieux-Colombier, au convent de la Miséricorde, en l'appartement de la dame de Saint-Vincent; ledit procès-verbal contenant apposition de scellés sur les papiers de ladite dame de Saint-Vincent, & capture de ladite dame de Saint-Vincent; autre procès-verbal de transport dudit commissaire en la demeure du sieur de Vedel-Montel, contenant aussi apposition des scellés sur les papiers & capture dudit sieur de Vedel; autre procès-verbal de transport dudit commissaire Chenon en la demeure de l'abbé de Villeneuve, contenant auſſi appoſition de ſcellés ſur ſes papiers & capture dudit abbé de Villeneuve ; autre procès-verbal de tranſport dudit commiſſaire en la demeure de ladite veuve Leroy, contenant auſſi appoſition de ſcellés ſur ſes papiers & capture de ladite veuve Leroy ; autre procès-verbal de tranſport dudit commiſſaire Chenon, toujours accompagné, comme ci-deſſus, dudit Deſparviers, huiſſier, du 17 dudit mois d'Août, en la demeure du ſieur Rubit l'aîné, contenant pareillement appoſition de ſcellés ſur ſes papiers & capture dudit Rubit, ledit procès-verbal contenant auſſi demande en référé chez le lieutenant criminel du châtelet, où étant ledit juge a rendu une ordonnance, le même jour 17 Août 1774, par laquelle il a réſervé à faire droit ſur la demande dudit Rubit, après qu'il auroit ſubi interrogatoire ; la requête préſentée par le maréchal duc de Richelieu audit lieutenant criminel, tendante à ce que le commiſſaire Chenon fût autoriſé à ſe tranſporter en la demeure du ſieur abbé de Villeneuve, quai de l'école, y appoſer les ſcellés ſur ſes papiers, au bas de laquelle requête eſt l'ordonnance dudit lieutenant criminel, portant, ſoit montré au ſubſtitut de notre procureur général ; les concluſions dudit ſubſtitut du 17 Août, & l'ordonnance dudit lieutenant criminel étant enſuite du même jour adjudicative des concluſions dudit maréchal duc de Richelieu ; le procès-verbal de tranſport dudit commiſſaire accompagné dudit Deſparviers & dudit abbé de Villeneuve, en la demeure de ce dernier, quai de l'Ecole, où étant, le commiſſaire a appoſé les ſcellés ſur les papiers dudit abbé de Villeneuve ; ledit procès-verbal en date du même jour 17 août 1774 ; la requête préſentée au lieutenant-criminel du châtelet par Fra.-Antoine Rubit détenu ès priſons du Fort-l'Evêque, contenant demande à fin de main-levée des ſcellés appoſés ſur ſes papiers, au bas de laquelle requête eſt l'ordon. dudit lieutenant-criminel du 17 août, portant ſoit montré audit ſubſtitut du 19 dudit mois d'août, les concluſions dudit Subſtitut, tendantes à ce que lad. requête ſoit communiquée à partie civile pour y répondre dans les vingt-quatre heures ; l'ordonn. dudit lieutenant-criminel étant enſuite du même jour conforme auxdites concluſions, la ſignification de ladite requête au maréchal de Richelieu même jour, l'interrogatoire subi par la dame de Saint-Vincent devant le lieutenant-criminel du châtelet le 17 août 1774, l'interrogatoire subi par Antoine-François-Marie-Elisabeth de Villeneuve-Flayosc devant ledit lieutenant-criminel le 18 dudit mois d'août ; autre interrogatoire subi devant ledit juge le 19 du même mois par Marie-Anne Bréard, veuve de Jacques-Joseph Leroy ; autre interrogatoire subi devant le même juge, le même jour, par François de Vedel-Montel ; autre interrogatoire subi devant ledit juge le même jour par François-Antoine Rubit ; le procès-verbal du 19 août 1774 de transport du commissaire Graville en la maison de la veuve Leroy, rue Haute-Feuille, à la requisition du sieur de Noailles, écuyer, occupant une chambre garnie dans ladite maison, & à lui louée par ladite veuve Leroy, à l'effet de constater l'existence des meubles & effets étant dans ladite chambre, ledit procès-verbal contenant en même tems apposition de scellés sur une armoire étant dans ladite chambre, laquelle armoire ledit de Noailles a déclaré contenir des effets appartenans à ladite veuve Leroy, & dont elle avoit la clef : l'opposition du 26 dudit mois d'août, formée entre les mains dudit commissaire Graville, à la requête du sieur Marion ès-noms, à ce qu'il soit par ledit commissaire procédé à la reconnoissance & levée desdits scellés chez ladite veuve Leroy ; la sommation faite audit commissaire de Graville, à la requête du maréchal duc de Richelieu, le 27 dudit mois d'août, à l'effet d'être par lui présent à la reconnoissance & levée desdits scellés ; le procès-verbal de reconnoissance & levée desdits scellés fait par ledit lieutenant-criminel en présence dudit substitut & de la veuve Leroy, pour ce transférée des prisons, & de Marion, fondé de la procuration dudit duc de Richelieu, assisté de Courlesvaux l'aîné, procureur audit châtelet ; l'interrogatoire de Jean-Baptiste Benavent devant ledit lieutenant-criminel du 20 août 1774, au bas duquel interrogatoire sont les conclusions dudit substitut du 23 dudit mois d'août, & l'ordonnance dudit lieutenant-criminel dudit jour, portant décret d'assigné pour être ouï contre l'abbé de Villeneuve-Trans, Alléon des Goutes & le sieur Bouchet de Préville : la requête du maréchal duc de Richelieu, présentée au lieutenant-criminel dudit châtelet, contenant plainte en faux principal des faits y énoncés : au bas de laquelle requête est l'Ordonnance dudit juge du 20 août 1774, portant soit montré audit substitut, les conclusions dudit substitut du 22 du même mois, & l'ordonnance du lieutenant-criminel étant ensuite du même jour, par laquelle il a été donné acte au maréchal duc de Richelieu de sa plainte en faux principal, tant contre les faux billets que l'on suppose être écrits & signés de sa main, que contre les fausses lettres que l'on suppose également être écrites de sa main, & encore contre les auteurs & fabricateurs desdits billets & lettres, & notamment contre le sieur abbé de Trans, autre que le sieur abbé de Villeneuve; il lui a été pareillement donné acte de sa plainte en diffamation contre lui faite, tant par ladite dame de Saint-Vincent que par ses complices, fauteurs & adhérens, participans & conseils; il lui a été permis de faire informer du tout, tant par titres que par témoins, même par comparaison d'écritures & signatures, conformément à l'Ordonnance du 5 dudit mois d'août qui seroit exécutée, même de faire entendre des témoins avant le dépôt des pieces si le cas y échoit : il a été ordonné que les lettres à lui attribuées, & que l'on prétend avoir été par lui écrites, & autres écrits, tant relativement aux prétendus billets à lui attribués, que non relatifs auxdits billets & lettres, seroient apportés au greffe criminel du châtelet pour y être déposés, à ce faire, tous porteurs & dépositaires contraints par toutes voies, même par corps, à la premiere sommation qui leur en seroit faite : quoi faisant déchargés, pour lesdites lettres, billets & écrits servir à conviction & à l'instruction du procès ce que de raison : il lui a été permis de faire saisir & revendiquer toutes les pieces, lettres & autres supposées de lui, soit lettres, soit billets, même les lettres qui pourroient être de lui, pour le tout être déposé au greffe & servir à l'instruction ce que de raison : à l'effet de quoi le commissaire Chenon se transporteroit dans tous les lieux qui lui seroient indiqués par ledit maréchal de Richelieu, pour y faire toutes perquisitions requises; & en cas de refus d'ouverture de portes, coffres & armoires, permis de les faire ouvrir par le premier serrurier sur ce requis en présence de deux voisins & un des substituts du substitut de notre procureur-général; il a été dit en outre que, conformément à l'ordonnance du 5 dudit mois d'août, les prétendus billets dont Rubit & Boucher de Preville se disoient être porteurs & propriétaires, seroient déposés au greffe du châtelet; à faire lesdits dépôt lesdits Rubit, Bouchet de Preville & Jacquotot, Greffier, & tous autres dépositaires, seroient contraints nonobstant toutes oppositions faites ou à faire, même par corps, dans les délais de l'ordonnance, après que la sommation en seroit faite à chacun d'eux à la requête du maréchal duc de Richelieu; quoi faisant, déchargés; pour lesdits billets servir à l'instruction du procès ce que de raison; il a été également permis audit maréchal duc de Richelieu de faire informer, par addition, pardevant le commissaire Chenon, des faits énoncés en sa plainte du 27 Juillet dernier & sa requête du 5 dudit mois d'août; il a été donné acte audit maréchal duc de Richelieu de ce qu'il joignoit à ladite requête la copie des pieces & demandes y énoncées; & finalement il a été donné acte audit maréchal duc de Richelieu de ce qu'il confirmoit & approuvoit la procuration par lui donnée audit sieur Marion le 22 Juillet dernier, ainsi que tout ce qui a été fait en conséquence, notamment les plaintes & requêtes des 27 Juillet & 5 août 1774; le procès-verbal de transport du commissaire Chenon au château de la Bastille du 20 août 1774, en vertu des ordres du lieutenant de police, contenant apposition des scellés sur les papiers dudit Benavent, rassemblés par ledit commissaire en une cassette, laquelle cassette a été remise en la garde de Desparviers, huissier à cheval, trouvé par ledit commissaire à la Bastille, & qui venoit de signifier le décret de prise de corps décerné contre ledit Benavent; le consentement du duc de Richelieu du 20 août 1774, à ce que les scellés fussent levés sur les papiers du sieur Rubit, & que lesdits papiers fussent remis audit Rubit, à l'exception de ceux qui avoient rapport à l'affaire dont est question; la demande de l'abbé Froment du même jour 20 août en renvoi devant le juge ecclésiastique, au bas de laquelle sont les conclusions dudit substitut du 23, dudit mois d'août, tendantes au renvoi dudit abbé Froment devant le juge eccléſiaſtique, à la charge du cas privilégié; au bas deſquelles eſt l'ordonnance dudit lieutenant-criminel, du même jour, conforme auxdites concluſions; la ſentence rendue par ledit lieutenant-criminel le 22 août, par laquelle il a été ordonné que les ſcellés apposés par le commiſſaire Chenon, ſur les papiers & effets de François-Antoine Rubit, ſeroient reconnus, levés & ôtés par ledit commiſſaire en préſence dudit lieutenant-criminel, en celle dudit ſubſtitut, en celle dudit Rubit, qui pour cet effet ſeroit transféré, ſous bonne & sûre garde, des priſons où il étoit détenu, en ſa demeure; & encore en préſence de la partie civile, ou elle duement appellée: lors de quoi perquiſition ſeroit faite des papiers qui pourroient ſe trouver ſous leſdits ſcellés, ayant trait à la demande en nullité & inſcription de faux des billets prétendus faits & ſouſcrits par le Maréchal duc de Richelieu & ſervant à conviction, leſquels, ſi aucuns ſe trouvoient, ſeroient apportés au Greffe criminel du châtelet, & y demeureroient dépoſés aux fins de valoir à l'inſtruction du procès ce que de raiſon, & ledit Rubit ſeroit enſuite ramené & réintégré eſdites priſons, dont du tout ſeroit dreſſé procès-verbal, & a été ſurſis à ſtatuer ſur la demande à fin de liberté proviſoire dudit Rubit juſqu'après l'exécution de ladite ordonnance; le requiſitoire dudit ſubſtitut & l'ordonnance dudit lieutenant-criminel étant enſuite du 23 août, par laquelle il a été dit que l'ordonnance dudit mois d'août ſeroit exécutée ſelon ſa forme & teneur; ce faiſant, que la vérification ordonnée par icelle ſeroit faite par Paillaſſon & Portier, tous deux maîtres écrivains jurés experts nommés d'office au lieu des ſieurs Guillaume & Liverloz ci-devant commis; comme auſſi il a été dit que leſdits Paillaſſon & Portier ſeroient entendus en dépoſition pardevant ledit lieutenant-criminel; la requête préſentée audit lieutenant-criminel par Jean-Baptiſte Benavent à fin de liberté: au bas de laquelle requête eſt l'ordonnance dudit lieutenant-criminel du 23 août, portant ſoit montrée audit ſubſtitut, & ſignifiée à partie civile par Lainé, huiſſier à cheval; la ſignification deſdites requêtes & ordonnances, par exploit du 27 dudit mois au maréchal duc de

Richelieu ; l'acte de dépôt du 27 août 1774, au greffe criminel du châtelet, fait par Denis-François Jacquotot, greffier civil au châtelet, en exécution de l'ordonnance du lieutenant-criminel du 22 dudit mois d'août ; premierement, de trois billets au porteur signés *Le M.... duc de Richelieu*, l'un de la somme de vingt-cinq mille livres, daté du 15 mars 1774, le second de la somme de trente-cinq mille liv. du 4 avril audit an, & le troisieme & dernier de vingt mille livres du 8 mai audit an, tous trois contrôlés le même jour 3 août 1774 : secondement, un autre billet signé *Le M...., duc de Richelieu* de la somme de soixante mille liv. daté du 13 novembre 1773, aussi contrôlé ; autre acte de dépôt du 30 août 1774, fait par Me Pierre Chenon pere, commissaire au greffe criminel au châtelet ; de dix liasses de papiers trouvés sous les scellés par lui apposés, & levés chez la veuve Leroy, en exécution de l'ordonnance du 29 dudit mois d'août ; autre acte de dépôt du même jour 30 août 1774, fait par Lafitte, procureur au châtelet, au greffe criminel dudit châtelet, au nom & comme procureur de la dame de Saint-Vincent & de l'abbé de Villeneuve-Flayosc, de cinq billets ; le premier, de la somme de soixante mille liv. daté du 13 novembre 1773 ; le second, du 15 décembre 1773, de quarante mille livres ; le troisieme, du premier janvier 1774, de trente-cinq mille livres ; le quatrieme, du premier février 1774, de quarante-cinq mille liv. & le cinquieme & dernier, du 15 dudit mois de février 1774, de trente-cinq mille liv. tous lesquels billets sont signés *Le M...., duc de Richelieu* : autre acte de dépôt fait audit greffe par ledit Me Lafitte le 2 septembre mil sept cent soixante-quatorze, comme procureur & fondé de pouvoir de la dame de Saint-Vincent, du sieur abbé de Villeneuve Flayosc & du sieur Vedel, de onze lettres y énoncées, l'acte de comparution de Me Guespereau, notaire audit greffe criminel du châtelet, dudit jour 2 Septembre, contenant les dires & déclarations y énoncées : autre procès-verbal de depôt du même jour, fait audit Greffe par ledit Me Lafitte ès noms, de dix autres lettres y énoncées ; autre acte de dépôt du 3 septembre, fait par ledit Me Lafitte ès noms, de douze autres lettres y énoncées ; autre acte de dépôt

dépôt, du même jour de relevée, de quatre autres lettres y énoncées, le tout formant ensemble trente-sept pieces qui ont été cotées & paraphées par premiere & derniere; lesdits actes de dépôt contenant aussi les dires & observations dudit Me Lafitte, l'acte de comparution dudit Me Lafitte au greffe criminel du châtelet du 12 septembre 1774, contenant ses dires & requisitions; autre acte de comparution audit greffe dudit jour 12 septembre de relevée de M. Marion, intendant de M. le maréchal duc de Richelieu, contenant réponse à l'acte de dépôt signifié audit maréchal par exploit du 10 dudit mois de septembre; autre acte de comparution dudit Me Lafitte ès noms, du 19 dudit mois de septembre, contenant ses dires & requisitions, la sentence rendue par le lieutenant-criminel le 23 août 1774, par laquelle il a été dit qu'avant de procéder au jugement définitif du procès d'entre les parties, les témoins ouïs ès charges & informations faites à la requête du maréchal duc de Richelieu contre les accusés & ceux qui pourroient l'être par la suite, seroient récolés sur leurs dépositions & confrontés à lad. Julie de Villeneuve de Vence, épouse de Jules-François de Saint-Vincent, audit Antoine-François Balthazard, Marie-Elizabeth de Villeneuve Flayosc, François de Vedel-Montel, Fauris - Antoine Rubit, Marie-Anne Bréard, veuve Leroy, & audit Jean-Baptiste Benavent, même que lesdits accusés seroient recolés sur leurs interrogatoires, & confrontés les uns aux autres en ce que besoin seroit, pour le tout fait & communiqué audit substitut être par lui requis, & par le lieutenant-criminel ordonné ce que de raison; la requête présentée au lieutenant-criminel par François-Antoine Rubit, à fin de liberté, au bas de laquelle est l'ordonnance du lieutenant-criminel du 20 août, portant soit montrée audit substitut & signifié à partie par Hervé, huissier, la signification faite desdites requêtes & ordonnance par ledit Hervé, huissier, au maréchal duc de Richelieu par exploit du 21 dudit mois d'août, les conclusions dudit substitut du 22 dudit mois d'août, tendantes à ce qu'il fût ordonné que les scellés apposés par le commissaire Chenon, sur les meubles & effets dudit François-Antoine Robit dit Rubit, feroient reconnus, levés & ôtés par ledit commiffaire en préfence du lieutenant-criminel, en celle dudit fubftitut, en celle dudit Robit dit Rubit, qui pour cet effet feroit transféré fous bonne & sûre garde des prifons où il étoit détenu en fa demeure, & ce en préfence de la partie civile ou elle duement appellée; lors de quoi perquifition & defcription feroient faites des papiers qui pourroient fe trouver fous lefdits fcellés ayant trait à la demande en nullité & infcription de faux des billets prétendus faits & & foufcrits par le maréchal duc de Richelieu, & fervans à conviction; lefquels, fi aucuns fe trouvoient, feroient apportés au greffe criminel du châtelet, & y demeureroient dépofés aux fins de valoir à l'inftruction du procès ce que de raifon, & ledit Rubit enfuite ramené & réintégré efdites prifons, dont du tout feroit dreffé procès-verbal; l'ordonnance du lieutenant-criminel étant enfuite du même jour, conforme auxdites conclufions; autres conclufions dudit fubftitut du 23 dud. mois d'août; tendantes à ce que ledit Rubit fût élargi & mis hors des prifons, à la charge de fe repréfenter en état d'ajournement perfonnel, pour quoi il feroit fes foumiffions au greffe, & éliroit domicile en la maniere accoutumée; l'ordonnance dudit lieutenant-criminel du même jour conforme auxdites conclufions, la foumiffion faite en conféquence par ledit Rubit le même jour; le jugement obtenu fur la requête de François de Vedel-Montel, le 23 août 1774, qui l'a reçu appellant defdites procédures extraordinaires, & en a ordonné l'apport au greffe criminel de notredite cour; la fignification faite dudit jugement par exploit du même jour à Me Paty, greffier criminel du châtelet, avec commandement d'y obéir; la requête préfentée au lieutenant-criminel par Marie-Anne Bréard, veuve de Jacques-Jofeph Leroy, à fin de liberté, au bas de laquelle eft l'ordonnance dudit lieutenant-criminel du 26 août, portant foit montrée audit fubftitut & fignifiée à partie par Bonnaire, huiffier à verge; la fignification faite en conféquence par ledit de Bonnaire, au maréchal duc de Richelieu, defd. requête & ordonnance par exploit du 1 feptembre 1774: le procès-verbal du 27 août 1774, de tranfport du lieutenant-criminel, du substitut de notre procureur-général, du commissaire Chenon, du commissaire de Graville & de la veuve Leroy dans la maison de cette derniere ; ledit procès-verbal contenant reconnoissance & levée des scellés apposés par ledit commissaire Chenon ; au bas duquel procès-verbal sont les conclusions dudit substitut du 2 septembre 1774, tendantes à ce que les procès-verbaux dressés par les commissaires de Graville & Chenon fussent joints au procès, & cependant ladite veuve Leroy être de nouveau interrogée sur les faits résultans desdits procès-verbaux, lors duquel interrogatoire les pieces mentionnées esdits procès-verbaux lui seroient représentées, l'ordonnance du lieutenant-criminel étant ensuite du même jour conforme auxdites conclusions : la requête présentée au lieutenant-criminel par Antoine-François Baltazard, Marie-Elizabeth de Villeneuve Flayosc, à fin de liberté provisoire ; au bas de laquelle est l'ordonnance du lieutenant-criminel du 29 août portant soit montrée audit substitut & signifiée, à partie par Haguenot, huissier à verge ; la signification faite en conséquence par ledit Haguenot desdites requête & ordonnance au maréchal duc de Richelieu, par exploit du même jour : la requête du sieur duc de Richelieu en réponse à celle de Benavent, au bas de laquelle est l'ordonnance du lieutenant-criminel du 29 août, portant soit montrée audit substitut & signifiée à partie par Haguenot, huissier à verge, la signification faite en conséquence par ledit Haguenot, desdites requête & ordonnance au maréchal duc de Richelieu, par exploit du même jour; la requête du sieur duc de Richelieu en réponse à celle de Benavent, au bas de laquelle est l'ordonnance du lieutenant-criminel du 29 Août, portant soit montrée audit substitut & signifiée à partie par Haguenot, huissier à cheval de service ; la signification faite en conséquence par ledit Haguenot huissier desdites requête & ordonnance à Jean-Baptiste Benavent au domicile par lui élu ; le procès-verbal de reconnoissance & levée des scellés apposés sur les effets de l'abbé de Villeneuve, fait par le commissaire Chenon le 31 août 1774, au bas duquel sont les conclusions dudit substitut du 3 septembre suivant, tendantes à ce qu'il fût joint au procès, & cependant que ledit de Villeneuve Flayose seroit de nouveau interrogé sur les faits mentionnés audit procès-verbal de reconnoissance & levée des scellés ; lors duquel interrogatoire les pieces y énoncées lui seroient représentées, l'ordonnance dudit lieutenant-criminel étant ensuite du même jour 3 septembre conforme aux conclusions, le procès-verbal de reconnoissance & levée des scellés apposés sur les papiers & effets de la dame de Saint-Vincent, ledit procès-verbal dressé par le commissaire Chenon, le 1 septembre 1774, au bas duquel sont les conclusions dudit substitut du 3 septembre, portant que ledit procès-verbal seroit joint au procès, & que la dame de Saint-Vincent seroit de nouveau interrogée sur les faits résultans dudit procès-verbal ; lors duquel interrogatoire les pieces mentionnées audit procès-verbal lui seroient représentées, l'ordonnance dudit lieutenant-criminel étant ensuite du même jour conforme auxdites conclusions ; le procès-verbal de reconnoissance & levée des scellés apposés sur les papiers & effets du sieur Vedel-Montel, ledit procès-verbal dressé par le commissaire Chenon le 1 septembre 1774, au bas duquel sont les conclusions dudit substitut du 3 septembre, portant que ledit procès-verbal seroit joint au procès, & que ledit de Vedel Montel seroit de nouveau interrogé sur les faits résultans dudit procès-verbal ; lors duquel interrogatoire les pieces mentionnées audit procès-verbal lui seroient représentées, l'ordonnance du lieutenant-criminel étant ensuite du même jour conforme auxdites conclusions : la requête présentée au lieutenant-criminel par Claude-Guillaume Boucher de Preville, tendante à être reçu partie intervenante en l'instance sur la plainte en faux principal rendue par M. le duc de Richelieu, faisant droit sur son intervention, il fût reçu opposant à l'ordonnance en vertu de laquelle le billet dont il étoit porteur a été tiré du greffe civil du châtelet, où il avoit été par lui déposé à la réquisition judiciaire de M. le maréchal duc de Richelieu lui-même, pour être déposé au greffe criminel du châtelet, comme tendante lad. extraction à le déposséder illégalement d'un titre de créance qui n'étoit point argué de faux; ce faisant, il fût ordonné que dans huitaine pour toute préfixion & délai le maréchal duc de Richelieu seroit tenu de se transporter au greffe pour y prendre communication, si bon lui sembloit, dudit billet, & déclarer s'il avouoit ou dénioit lad. signature, pour, en cas d'aveu, être ledit billet rendu & restitué audit Boucher de Preville, & en cas de dénégation, lui être réservé à se pourvoir contre qui il aviseroit bon être, & que le maréchal duc de Richelieu fût condamné aux dépens; au bas de laquelle requête est l'ordonnance dud. lieutenant-criminel du 1 septembre 1774, portant soit montrée audit substitut & signifiée au maréchal duc de Richelieu pour Bonnaire, huissier à verge de service; la signification faite en conséquence par exploit du 3 dudit mois de Septembre, les conclusions dudit substitut du même jour & l'ordonnance du lieutenant-criminel étant ensuite du 4, portant que la requête seroit jointe au fond du procès, pour y être fait [illegible] ainsi que de raison : la requête du sieur duc de Richelieu [illegible] réponse à celle de la veuve Leroy, au bas de laquelle est l'ordonnance du lieutenant-criminel du 4 septembre 1774, portant soit montrée audit substitut & signifiée à partie par Haguenot, huissier à verge de service; la signification faite en conséquence par exploit du 3, à la dame veuve Leroi, au domicile de Me Ulcot son procureur au Châtelet : la requête du sieur duc de Richelieu, en réponse à celle de l'abbé de Villeneuve, au bas de laquelle est l'ordonnance du lieutenant-criminel, du 3 septembre 1774, portant soit montrée audit substitut & signifiée à partie par Bonnaire, huissier à verge de service; la signification faite en conséquence desdites requête & ordonnance par exploit du 6 dudit mois de septembre, audit abbé de Villeneuve, ès prisons du Fort-l'Evêque, entre les deux guichets comme lieu de liberté; le jugement obtenu sur la requête de François de Vedel-Montel, le 3 septembre 1774, par lequel il a été ordonné qu'itératif commandement seroit fait à Paty, greffier criminel du Châtelet, d'envoyer dans huitaine au greffe de notredite cour, les grosses des charges, informations & autres procédures extraordinaires, sinon & à faute de ce faire dans ledit tems & icelui passé, il a été ordonné que les peines portées par le jugement du 23 août précédent, demeureroient contre lui encourues; la requête de Marie-Anne Bréard, veuve de Jacques-Joseph Leroy, à fin de liberté, au bas de laquelle est l'ordonnance du lieutenant-criminel, du 26 août 1774, portant soit montrée audit substitut & signifiée à partie, par Bonnaire huissier; la signification faite en conséquence desdites requêtes & ordonnance, par exploit du premier septembre, au sieur duc de Richelieu; les conclusions dudit substitut du 6 septembre, tendantes à ce que ladite requête fût jointe au procès, & cependant qu'il fût sursis à faire droit sur icelle, jusqu'après plus ample instruction, l'ordonnance dudit lieutenant-criminelle, étant ensuite du 7 dudit mois septembre conforme auxdites conclusions; l'interrogatoire subi devant le lieutenant-criminel, par Claude-Guillaume Boucher de Preville, le 6 dudit mois de septembre, au bas duquel sont les conclusions dudit substitut du 7, tendantes à ce que les témoins fussent [illegible] & confrontés, même les accusés recolés sur leurs interrogatoires, & confrontés les uns aux autres, & en ce que besoin seroit, & la sentence rendue par le lieutenant-criminel, le 23 août 1774, être exécutée selon sa forme & teneur; nouvelle requête présentée au lieutenant criminel du Châtelet, par le maréchal duc de Richelieu, tendante à ce qu'il lui fût donné acte de la plainte qu'il rendoit, en ajoutant à celles par lui précédemment rendues, tant contre la dame de Saint-Vincent & le sieur Védel, que contre le nommé Canron & un quidam anonyme dont la dame de Saint-Vincent promet l'adresse au sieur Védel, avec celle dudit Canron, dans une de ses lettres trouvées sous scellés de la veuve Leroy, du faux principal des billets & lettres prétendues signées & écrites par ledit maréchal de Richelieu, & de la prétendue correspondance d'entre le sieur Peschot, & la dame de Saint-Vincent, dans laquelle il est fait mention des prétendues promesses du maréchal duc de Richelieu, à la dame de Saint-Vincent, laquelle a été évidemment concertée, pour colorer le faux des billets & lettres par elle attribuées au maréchal, & des machinations par eux faites & concertées, notamment contre Canron, comme véhémentement suspecté d'être l'auteur de la fabrication desdits billets & lettres contrefaites, & des fausses signatures qui les souscrivent, il lui fût permis de faire informer desdits faits, circonstances & dépendances, & que commission rogatoire seroit adressée; & qu'attendu la preuve résultante desdits faits, il fût ordonné que ledit Canron seroit décrété de prise de corps, & que le nommé Doumain seroit entendu en déposition; au bas de laquelle est l'ordonnance du lieutenant-criminel, du 5 septembre, portant soit montrée audit substitut du 6 septembre, & l'ordonnance dudit lieutenant-criminel du même jour, par laquelle il a été donné acte audit maréchal duc de Richelieu de sa plainte, il lui a été permis de faire informer tant par addition qu'autrement, pour les témoins domiciliés à Paris, pardevant le commissaire Chenon, & pour les témoins dans l'étendue des bailliages & jurisdictions de Milhau & Rouergue, Tarbes, Potiers & Bordeaux, pardevant nos juges desdits lieux, auxquels commissions rogatoires seroient adressées, & au surplus, que le nommé Canron seroit pris & appréhendé au corps, à la requête du duc de Richelieu, & à ses risques, périls & fortunes; & en outre il a été ordonné que ledit commissaire Chenon se transporteroit dans les prisons du Fort-l'Evêque, aux fins d'y entendre en déposition le nommé Doumain, pour le tout fait & communiqué audit substitut, être par lui requis, & par ledit lieutenant-criminel ordonné ce que de raison; autre requête présentée audit lieutenant-criminel, par ledit maréchal duc de Richelieu, contenant plainte des faits y énoncés, au bas de laquelle est l'ordonnance dudit lieutenant criminel, du 18 septembre 1774, portant soit montrée audit substitut, les conclusions dudit substitut du 20 dudit mois de septembre, & l'ordonnance dudit lieutenant-criminel du 22 du même mois étant ensuite, par laquelle il a été donné acte audit maréchal duc de Richelieu, de ce qu'en expliquant la plainte par lui ci-devant rendue en faux principal, tant contre les billets que contre les lettres à lui faussement attribuées, il déclaroit qu'il entendoit poursuivre le faux principal ; premierement, contre les douze billets montans en total à 425,000 liv. lesdits billets plus amplement expliqués dans ladite requête ; secondement, contre les 5. 6. 7. 9. 11. 12. 13. 14. 18. 29. 30. 31. 32. 33. & 34e. pieces de celles déposées par de Lafitte procureur, au greffe criminel du Châtelet, les 2 & 3 septembre 1774 ; troisiemement, contre la 12e. piece de la premiere liasse des papiers trouvés sous les scellés apposés par le commissaire Chenon, chez la dame de Saint-Vincent, le 25 Juillet lors dernier, & déposés au greffe ; en conséquence, conformément aux ordonnances des 5 & 22 août 1774, il est permis audit maréchal duc de Richelieu, de faire informer pardevant le commissaire Chenon du faux principal, tant par titres, que par témoins, même par comparaison d'écritures & signatures, par les deux maîtres écrivains-jurés experts, déjà commis par l'ordonnance du 23 dudit mois d'août, sur pieces de comparaison d'écritures & signatures qui seroient administrées & admises conformément à l'ordonnance, lesquels deux experts écrivains seroient entendus en dépositions pardevant ledit lieutenant-criminel, procès-verbal préalablement dressé en présence du substitut de notre procureur-général, desdites pieces arguées de faux, conformément à l'ordonnance, & jusqu'à ce il a été sursis à être fait droit ; sur le surplus de ladite requête, l'addition d'information faite par le commissaire Chenon, le 10 septembre 1774 & jours suivans, à la requête dudit sieur duc de Richelieu, composée de trente-six témoins ; les conclusions dudit substitut du 20 dudit mois de septembre, tendantes à ce que ladite information fût continuée, & ladite dame de Saint-Vincent, le sieur Benavent, le sieur Chevalier de Montel, la veuve Leroy & le nommé Rubit être de nouveau interrogés, à ce que besoin seroit, sur les faits résultans de ladite addition d'information, & les témoins être recolés & confrontés ; l'ordonnance du lieutenant-criminel étant ensuite du même jour conforme auxdites conclusions : la sentence du 12 septembre

ſeptembre 1774, rendue ſur les concluſions dudit ſubſtitut, par laquelle il a été dit qu'avant de procéder au jugement définitif du procès d'entre les parties, les témoins ouïs ès charges & informations faites à la requête du maréchal de Richelieu contre leſdits accuſés, enſemble les témoins qui pourroient l'être par la ſuite, ſeroient recolés ſur leurs dépoſitions, & ſi beſoin étoit, confrontés les uns aux autres, en ce que beſoin ſeroit; pour le tout fait & communiqué audit ſubſtitut être par lui requis, & par le lieutenant-criminel ordonné ce que de raiſon, & que la ſentence du 23 août ſeroit exécutée ſelon ſa forme & teneur; la commiſſion rogatoire du 13 ſeptembre 1774, adreſſée par le prevôt de Paris ou notre juge de Montauban, pour l'exécution de l'ordonnance du lieutenant-criminel dudit châtelet, du 6 dudit mois de ſeptembre; autre commiſſion rogatoire du même jour, adreſſée par le prevôt de Paris à notredit juge de Milhaud, pour l'exécution de l'ordonnance ſuſdatée; la requête préſentée au lieutenant-criminel par Jean-Baptiſte Benavent, à fin de main-levée des ſcellés apposés ſur les papiers & effets, & à fin de liberté, au bas de laquelle eſt l'ordonnance dudit lieutenant-criminel, du 23 août 1774, portant ſoit montrée audit ſubſtitut & ſignifiée à partie civile par Lainé, huiſſier à cheval de ſervice; la ſignification faite en conſéquence deſdites requête & ordonnance, par exploit du 27 dudit mois d'août; les concluſions dudit ſubſtitut du 14 ſeptembre, tendantes à ce que ladite requête fût jointe au procès; l'ordonnance du lieutenant-criminel du même jour conforme auxdites concluſions; la commiſſion rogatoire du 16 ſeptembre 1774, adreſſée par le prevôt de Paris à notre juge d'Avalon, pour l'exécution de l'Ordonnance du lieutenant-criminel du châtelet du 6 ſeptembre: la requête préſentée au lieutenant criminel par le ſieur duc de Richelieu, contenant production de lettres y énoncées, au bas de laquelle eſt l'ordonnance dudit lieutenant-criminel du ſeize ſeptembre, portant ſoit montrée audit ſubſtitut; les concluſions dudit ſubſtitut dudit jour ſeize ſeptembre, tendantes à ce qu'il fût donné acte au duc de Richelieu de ce qu'il produiſoit les trois lettres énoncées en ladite requête, & en conſéquence icelles être jointes au procès, pour servir à conviction & à l'instruction du procès ce que de raison; l'ordonnance dudit lieutenant criminel étant ensuite du même jour conforme auxdites conclusions; l'interrogatoire subi par ladite dame de Saint-Vincent devant ledit lieutenant criminel, le 17 Septembre & jours suivans; au bas duquel interrogatoire sont les conclusions dudit substitut, du 7 Octobre 1774, tendantes à ce que ledit interrogatoire fût joint au procès, l'instruction continuée, & cependant le nommé Sube être ajourné à comparoir en personne; l'Ordonnance dudit lieutenant criminel étant ensuite du même jour, conforme auxdites conclusions; la requête présentée au lieutenant criminel de Montauban par le duc de Richelieu, à fin d'acceptation de la commission rogatoire à lui adressée par le lieutenant criminel du châtelet de Paris, au bas de laquelle requête est l'ordonnance dudit lieutenant criminel de Montauban, du 23 Septembre 1774, par laquelle, en acceptant la commission du lieutenant criminel du châtelet de Paris, il a été permis au duc de Richelieu de faire assigner pardevant ledit juge, le nommé de Garisson de la Tour, & autres témoins, pour déposer sur les faits portés en la susdite requête, circonstances & dépendauces; l'information faite en conséquence par ledit lieutenant criminel de Montauban, le 24 Septembre 1774; l'interrogatoire subi par François de Vedel-Montel, devant le lieutenant criminel du châtelet de Paris, le premier Octobre 1774 & jours suivans; l'interrogatoire subi par Benavent, devant le lieutenant criminel du châtelet, le 5 dudit mois d'Octobre; l'interrogatoire subi, devant ledit juge, par Antoine-François-Balthasar-Marie-Elisabeth de Villeneuve-Flayosc, le même jour 5 Octobre 1774, par Marie-Anne Broard, veuve Leroy; l'interrogatoire subi, devant ledit lieutenant, le 6 dudit mois d'Octobre, par Alexandre-Marie de Villeneuve-Trans; l'interrogatoire subi, devant ledit juge, le même jour, par Claude-Étienne Alleon des Gouttes, avocat; l'interrogatoire subi, devant ledit juge, le même jour, par Claude-Guillaume Boucher de Preville; l'interrogatoire subi, devant ledit juge, le même jour, par Antoine Rubit, au bas duquel interrogatoire sont les conclusions dudit substitut, du 20 dudit mois d'Octobre, portant que les témoins ſeroient récolés & confrontés, même les accuſés récolés en leurs interrogatoires, & confrontés les uns aux autres ; l'ordonnance du lieutenant criminel étant enſuite, du même jour, conforme auxdites concluſions; l'interrogatoire ſubi, devant ledit juge, le 10 dudit mois d'Octobre, par Antoine-Joſeph-Georges Sube ; la requête dudit ſieur maréchal duc de Richelieu, tendante aux fins y contenues, au bas de laquelle eſt l'ordonnance dudit lieutenant criminel, du 11 Octobre 1774, portant, ſoit montrée audit ſubſtitut ; les concluſions dudit ſubſtitut, du 12 dudit mois d'Octobre ; l'ordonnance du lieutenant criminel du 15 du même mois, par laquelle il a été dit que l'ordonnance du 22 Août dernier ſeroit exécutée ſelon ſa forme & teneur ; en conſéquence dans trois jours, à compter de la ſignification de ladite ordonnance, Lafitte, procureur, ſeroit tenu de dépoſer au greffe criminel du châtelet la lettre mentionnée en ladite requête, à quoi faire il ſeroit contraint, même par corps, ſinon ſeroit tenu de déclarer entre les mains de qui il a remis ladite lettre ; la requête préſentée par le maréchal duc de Richelieu, au ſiege de notre juſtice de Milhaud, à fin d'acceptation de la commiſſion à lui adreſſée par le lieutenant criminel du châtelet de Paris, au bas de laquelle eſt l'ordonnance dudit juge de Milhaud du 12 Octob. 1774, portant acceptation de ladite commiſſion; le procès-verbal dreſſé par le lieutenant criminel du châtelet, le 13 dudit mois d'Octobre de l'état des pieces arguées de faux, en préſence de François Marion, fondé de la procuration *ad hoc* du duc de Richelieu ; le jugement obtenu ſur le vu des procédures extraordinaires, & ſur la requête de la dame de Saint-Vincent, les 14 Octobre 1774, qui l'a reçue appellante de l'ordonnance du lieutenant criminel du châtelet du 22 Août 1774, & appoſée au bas de la requête à lui préſentée par le maréchal duc de Richelieu, a tenu l'appel pour bien relevé, ſur lequel appel les parties auroient audience au premier jour, & a joint la demande à fin de défenſe de ladite dame de Saint-Vincent à l'appel, pour en jugeant y avoir tel égard que de raiſon ; autre jugement rendu ſur le vu deſdites procédures extraordinaires, & ſur les différentes requêtes des accuſés, ledit jour 14 Octobre, par lequel lesdits de Vedel-Montel, la dame de Saint-Vincent, l'abbé de Villeneuve, ledit Benavent & la veuve Leroy, ont été reçus appellans desdites procédures extraordinaires ; & avant de faire droit sur le surplus de leurs requêtes, il a été ordonné que les nouvelles charges & informations, & autres procédures extraordinaires, faites au châtelet de Paris, depuis le jugement du 23 Août lors dernier, seroient apportées au greffe criminel de notredite cour ; à ce faire, le greffier dépositaire contraint, à peine de 60 livres & d'interdiction ; l'information faite par le juge de Milhaud, à la requête du maréchal duc de Richelieu, le 15 Octobre & jours suivans 1774, au bas de laquelle sont les conclusions dudit substitut de notre procureur général au châtelet de Paris, du 4 Novembre 1773, tendantes à ce que tout fût joint au procès, les témoins récolés & confrontés ; à l'effet de quoi, commission rogatoire sera adressée au bailli de Milhaud, pour procéder seulement au récolement des témoins entendus devant lui ; & cependant que Jean-Bazile dit Canron seroit de nouveau interrogé sur les faits y contenus : l'ordonnance du lieutenant criminel étant ensuite, du 5 du même mois, conforme auxdites conclusions : le dépôt fait au greffe criminel du châtelet, le 17 du mois d'Octobre, par Claude Didier Deyeux, principal clerc de Me Dumoulin, notaire, des pieces y énoncées : le procès-verbal & état des pieces de comparaison du 19 dudit mois d'Octobre 1774 ; le jugement du 22 dudit mois d'Octobre, obtenu sur la requête de la dame de Saint-Vincent, par lequel il a été ordonné que Paty, greffier criminel du châtelet, seroit tenu de se retirer dans l'heure chez le substitut de notredit procureur-général au châtelet, pour y collationner sur les minutes ; les procédures extraordinaires ci-dessus énoncées, les signer & les envoyer de suite au greffe criminel de notredite cour ; à ce faire contraint par corps à peine de 60 liv. & d'interdiction : la signification faite dudit arrêt audit Me Paty, par l'exploit du même jour 20 Octobre, avec commandement d'y satisfaire : l'interrogatoire subi, devant le lieutenant criminel du châtelet, ledit jour 20 Octobre, par Guillaume-Bazile Canron : la requête présentée par le maréchal duc de Richelieu, au juge d'Avalon, à fin d'acceptation de la commission rogatoire à lui adressée par le lieutenant criminel du châtelet de Paris ; au bas de laquelle eſt l'ordonnance dudit juge d'Avalon, du 22 dudit mois d'Octobre, contenant l'acceptation de ladite commiſſion, & permiſſion d'informer : la requête préſentée au lieutenant criminel du châtelet, par le maréchal duc de Richelieu, tendante aux fins y contenues, au bas de laquelle eſt l'ordonnance dudit juge, du 24 Octobre, portant, ſoit montrée audit ſubſtitut : les concluſions dudit ſubſtitut, du même jour, tendantes à ce qu'avant prendre concluſions, ladite requête ſoit ſignifiée à partie : l'ordonnance dudit lieutenant criminel étant enſuite, du 25, conforme auxdites concluſions, & que ladite requête ſeroit ſignifiée par Bonnaire, huiſſier à verge : la ſignification & ordonnance, par exploit du 26 du même mois, à la dame de Saint-Vincent, à l'abbé de Villeneuve de Flayoſc, à Benavent, à Canron, à Vedel-Montel, à la veuve Leroy, à l'abbé Froment, à l'abbé de Villeneuve-Trans, au ſieur Boucher de Preville, Alléon des Gouttes ; au ſieur Sube & à Rubit : les concluſions dudit ſubſtitut étant enſuite du 29 Octobre 1774 : l'acte de déſiſtement du 26 dudit mois d'Octobre de l'abbé Froment de ſa demande en renvoi devant les juges eccléſiaſtiques, au bas duquel eſt l'ordonnance dudit lieutenant criminel, du même jour, qui lui en a donné acte, & a ordonné qu'il ſeroit procédé, à l'heure même, à ſon interrogatoire : l'interrogatoire ſubi en conſéquence pardevant ledit juge par ledit abbé Froment, ce même jour 26 Octobre 1774, au bas duquel interrogatoire ſont les concluſions dudit ſubſtitut, du même jour, tendantes à ce que les témoins fuſſent récolés & confrontés, même les accuſés récolés ſur leurs interrogatoires, & confrontés les uns aux autres, en ce que beſoin ſeroit ; le tout conformément aux ſentences précédemment rendues par ledit juge ; l'ordonn. du lieutenant criminel étant enſuite du même jour, conforme auxdites concluſions : le récolement de l'abbé Froment, de Boucher de Preville, Joſeph-Georges Sube, de Villeneuve-Trans, de Canron, & Alléon des Gouttes, accuſés, du 26 Octobre 1774 & jours ſuivans : l'information faite par ledit juge d'Avalon, à la requête du maréchal duc de Richelieu, le même jour 26 Octobre, au bas de laquelle ſont les concluſions du ſubſtitut de notre procureur général au châtelet de Paris, du 23 décembre 1774, tendantes à ce que tout fût joint au procès, & le témoin entendu en ladite information être récolé, & si besoin étoit, confronté : l'ordonnance du lieutenant criminel, étant ensuite, du même jour, conforme auxdites conclusions : la requête présentée audit lieutenant criminel du châtelet par la dame de Saint-Vincent, au bas de laquelle est l'ordonnance dudit juge, du 27 dudit mois d'Octobre, portant, soit montré audit substitut, & signifiée à partie civile par Debonnaire, huissier de service : la signification faite en conséquence au maréchal duc de Richelieu, par exploit du 24 du même mois, fait par ledit Debonnaire : la sentence du 29 dudit mois d'Octobre, par laquelle il a été donné acte au maréchal duc de Richelieu de ses offres de faire en présence du lieutenant criminel, du substitut, tel corps d'écritures qu'il appartiendroit ; en conséquence, il a été dit qu'aux jour & heure qui seroient par ledit juge indiqués, & en la présence de Paillasson & Potiers, écrivains jurés-experts, ci-devant nommés par ledit juge, il seroit fait par ledit maréchal duc de Richelieu, tel corps d'écriture qu'il lui seroit indiqué par lesdits experts, & ce dans les positions qui leur seroient par eux indiquées, & seroient par ledit juge jugées nécessaires, pour ledit corps d'écriture joint aux pieces de comparaison, être par lesdits experts procédé à la vérification des corps d'écritures & signatures arguées de faux par le maréchal duc de Richelieu : le procès-verbal de corps d'écriture, dressé en conséquence devant ledit lieutenant criminel, le 31 Octobre 1774 ; la requête présentée au lieutenant criminel par le maréchal duc de Richelieu, tendante aux fins y contenues, au bas de laquelle est l'ordonnance dudit lieutenant criminel, du 4 Novembre suivant, portant, soit montré audit substitut : les conclusions du substitut, du même jour, & l'ordonnance étant ensuite, du 5, par laquelle il a été donné acte au maréchal duc de Richelieu de ce qu'il présentoit & employoit pour pieces de comparaison ; 1°. les signatures par lui faites sur le procès-verbal dressé par ledit juge, en la présence dudit substitut, le 31 Octobre ; 2°. les dixieme & vingt-cinquieme pieces de celles déposées au greffe du châtelet par Lafitte, procureur de la dame de Saint-Vincent, à cet effet il lui a été donné acte de ce qu'il reconnoissoit lesdites deux pieces pour être écrites de sa main ;

en conséquence, il a été dit qu'il en seroit dressé un état en la présence dudit juge, & de celle dudit substitut, pour lesdites pieces être admises, conformément à l'ordonnance, & servir à Paillasson & Potiers, écrivains jurés-experts, aux fins, d'être par eux procédé à la vérification des pieces arguées de faux par ledit maréchal duc de Richelieu : le procès-verbal dressé par ledit juge, de l'état des pieces ci-dessus énoncées, du 5 Novembre 1774 : la commission rogatoire adressée par le prévôt de Paris au juge de Milhaud, à fin de récolement des témoins par lui entendus, du 5 dudit mois de novembre ; la requête présentée au lieutenant criminel du châtelet, par le duc de Richelieu, à fin de faire informer par addition ; l'ordonnance dudit juge étant au bas, du 4 Novembre 1774, par laquelle il a été permis audit duc de Richelieu de faire informer, par addition des faits contenus en sa requête pardevant le commissaire Chenon : l'addition d'information par ledit commissaire Chenon, du 5 dudit mois de Novembre : les conclusions dudit substitut, du 8 dudit mois de Nov. tendantes à ce que par ladite addition d'information fût jointe, & cependant que la témoin fût récolée & confrontée ; l'ordonnance dudit juge étant ensuite, du même jour, conforme auxdites conclusions ; la commission rogatoire du 4 dudit mois de Novembre, adressée par le prévôt de Paris au lieutenant criminel du bailliage de Poitiers, à l'effet de faire informer par addition ; le récolement des témoins en leurs dépositions des 7 Novembre 1774 & jours suivans ; la confrontation des témoins à Antoine-Joseph-Georges Suber, accusé, du 7 dudit mois de Novembre ; autre confrontation des témoins à Antoine-François-Baltafard-Marie-Elisabeth de Villeneuve-Flayosc ; le procès-verbal dressé par le lieutenant criminel du châtelet, du même jour 7 Novembre ; la confrontation des témoins à Marie-Anne Bréard, veuve Leroy, aussi du même jour ; autre confrontation des témoins à Gabriel-Marie Froment, du même jour ; autre confrontation de témoins à Alexandre-Marie de Villeneuve-Trans, du même jour ; la confrontation de témoins à Jean-Baptiste Benavent accusé, aussi du même jour ; autre confrontation de témoins à François de Vedel-Montel, aussi du même jour : la requête du duc de Richelieu, à l'effet de faire visiter la dame de Saint-Vincent ; les conclusions dudit substitut, au bas de ladite requête, du 7 Novembre, & l'ordonnance du juge, étant ensuite, du même jour, conforme : le procès-verbal de visite de la dame de Saint-Vincent par les médecins & chirurgiens du châtelet, du 8 dudit mois de novembre : le deuxieme interrogatoire de Guillaume-Bazile Canron, subi devant le lieutenant criminel du châtelet, ledit jour huit novembre mil sept cent soixante-quatorze ; au bas duquel sont les conclusions dudit substitut, tendantes à ce que ledit interrogatoire fût joint au procès, & l'instruction continuée : l'ordonnance dudit lieutenant-criminel étant ensuite du même jour 8 novembre, conforme auxdites conclusions ; l'exploit de signification faite au duc de Richelieu, de la requête d'Antoine-Georges Sube, du même jour 8 novembre : la requête en réponse du duc de Richelieu & exploit de signification d'icelle du même jour : la requête présentée par le maréchal duc de Richelieu au juge Poitiers, à fin d'acceptation de la commission rogatoire à lui adressée par le lieutenant-criminel du châtelet : au bas de laquelle est l'ordonnance dudit juge du 8 novembre, portant acceptation de ladite commission ; l'information faite en conséquence par ledit juge de Poitiers, du 9 dudit mois de novembre & jours suivans : la requête présentée au lieutenant-particulier du châtelet de Paris par la dame de Saint-Vincent, à fin de récusation du lieutenant-criminel dudit siege : au bas de laquelle est l'ordonnance du sieur Chatelus, lieutenant-particulier, du 10 novembre 1774, portant soit montrée audit substitut : le jugement du 18 dudit mois de novembre, qui déboute la dame de Saint-Vincent de sa demande en récusation : la signification de ladite sentence à la dame de Saint-Vincent dans la prison entre les deux guichets, comme lieu de liberté, par exploit de Duval, huissier audiencier, du même jour 18 novembre 1774 : le procès-verbal dressé le même jour par le juge de Poitiers, contenant dépôt fait par Marie-Pierre-Georges de la Maziere, médecin, demeurant à Poitiers, duquel dépôt il lui a été donné acte par ledit juge : le procès-verbal d'acceptation de la commission adressée au juge de Milhaud pour récoler les témoins par lui entendus en déposition, ledit procès-verbal en date du

13 novembre 1774 : l'ordonnance dudit juge de Milhaud du 13 novembre 1774, à l'effet de récoler les témoins par lui entendus en déposition ; la continuation d'information faite par ledit juge de Milhaud le 14 dudit mois de novembre ; le récolement des témoins en leurs dépositions, fait par le juge de Milhaud, ledit jour 14 novembre & jours suivans : autre récolement des témoins entendus en la continuation d'information faite par ledit juge le même jour 14 novembre 1774 : l'acte d'appel de la dame de Saint-Vincent, du même jour, de l'ordonnance du sieur Chatelus, lieutenant-particulier, du 10 du même mois, qui la déboute de sa demande en récusation du sieur lieutenant-criminel ; la requête présentée au lieutenant-criminel par Antoine-Joseph-Georges Sube, tendante aux fins y contenues ; au bas de laquelle requête est l'ordonnance dudit juge du 7 novembre, portant soit montrée audit substitut, & signifiée à partie civile pour y répondre dans vingt-quatre heures ; la signification faite en conséquence desdites requête & ordonnance, par exploit du 8 du même mois ; les conclusions dudit substitut du 4, tendantes à ce que ledit Sube fût renvoyé en l'état d'assigné pour être ouï ; l'ordonnance du lieutenant-criminel étant ensuite du 15 conforme auxdites conclusions ; la requête présentée audit juge par le maréchal duc de richelieu, au bas de laquelle est l'ordonnance dudit juge du 7 novembre, portant soit montrée audit substitut ; les conclusions dudit substitut du 9 du même mois, tendantes à ce qu'il fût ordonné que le lieutenant-criminel se transporteroit dans les prisons du grand-châtelet, assisté de l'un des greffiers criminels, aux fins de procéder à la confrontation des témoins à la dame de Saint-Vincent, ainsi qu'au récolement de ladite dame sur ses interrogatoires, à sa confrontation aux autres accusés, & aux confrontations des accusés à ladite dame de Saint-Vincent, le tout en ce que besoin seroit : l'ordonnance du lieutenant-criminel étant ensuite du 16 du même mois, conforme auxdites conclusions ; la requête présentée au lieutenant-criminel par le maréchal duc de Richelieu, tendante aux fins y contenues, l'ordonnance de soit montré étant au bas, du 16 novembre ; les conclusions dudit substitut, du même jour, &

l'ordonnance, aussi du même jour, étant ensuite, par laquelle il a été dit qu'encore dans vingt-quatre heures pour toute préfixion & délai, Me Lafitte seroit tenu, conformément à l'ordonnance dudit juge du 15 octobre dernier, laquelle seroit exécutée selon sa forme & teneur, de déposer audit greffe criminel du chatelet le lettre dont il s'agit, ou de déclarer à qui il a remis lad. lettre, sinon & faute par ledit Lafitte de ce faire dans ledit délai, & icelui passé, à compter de l'heure où lui seroit signifiée ladite ordonnance, avec sommation d'y satisfaire, en vertu d'icelle, & sans qu'il en soit besoin d'autre, ledit Lafitte seroit contraint par corps à faire le dépôt de ladite lettre, ou de déclarer à qui il l'a remise : l'information des experts faite par le lieutenant-criminel le 16 novembre 1774 & jours suivans, au bas de laquelle sont les conclusions dudit substitut du 17, tendantes à ce que ladite information fût jointe au procès, & que lesdits experts-jurés écrivains fussent récolés & confrontés : l'ordonnance étant ensuite du 19 conforme auxdites conclusions : la requête présentée par l'abbé de Villeneuve-Flayosc au sieur Chatelus, lieutenant-particulier du chatelet, à fin de récusation du sieur lieutenant-criminel : au bas de laquelle est l'ordonnance dudit sieur Chatelus du 17 novembre, portant soit communiquée audit lieutenant-criminel, les réponses dudit lieutenant-criminel du 18 dudit mois ; le jugement rendu au chatelet le 19, qui déboute ledit abbé de Villeneuve-Flayosc de sa demande en récusation, & ordonne que ledit jugement lui sera signifié par Hautot, huissier-audiencier du chatelet ; la signification dudit jugement audit abbé de Villeneuve-Flayosc, par exploit du même jour : autre requête en récusation du sieur lieutenant-criminel, présentée au sieur Chatelus, lieutenant-particulier, par François de Vedel-Montel : au bas de laquelle est l'ordonnance dudit lieutenant-particulier du 21 novembre, portant soit communiquée aud. lieutenant-criminel : les réponses dudit lieutenant-criminel du même jour étant ensuite : le jugement du 22, qui déboute ledit de Vedel-Montel de sa demande en récusation, & ordonne que ledit jugement lui sera signifié par Duval, huissier au chatelet : la signification faite en conséquence dudit jugement audit de Vedel-Montel, par exploit du 19 du même mois : le récolement des experts en leurs dépositions, du 21 dudit mois de novembre : l'arrêt de notredite cour, obtenu sur la requête du maréchal duc de Richelieu le 28 dudit mois de novembre, par lequel il a été ordonné que les grosses des procédures extraordinaires faites jusqu'audit jour seroient apportées au greffe criminel de notredite cour; à ce faire, le greffier dépositaire d'icelles contraint par corps, à peine de soixante livres & d'interdiction ; la signification faite dudit arrêt à Paty, greffier criminel du châtelet, par exploit du même jour; la confrontation des témoins à Guillaume-Basile Canton accusé, du 29 novembre 1774 : l'arrêt de notredite cour du 2 décembre suivant, obtenu sur la requête de ladite dame de Saint-Vincent, par lequel elle a été reçue appellante du jugement du 12 novembre précédent, qui l'a déboutée de sa demande en récusation : l'appel tenu bien relevé, il lui a été permis de faire intimer sur icelui qui bon lui sembleroit, sur lequel parties auroient audience au premier jour, & a joint sa demande à fin de défenses à l'appel, pour, en jugeant, y avoir tel égard que de raison : la sentence rendue par le lieutenant-criminel sur les conclusions dudit substitut le premier décembre 1774, par laquelle il a été dit qu'avant de procéder au jugement définitif du procès d'entre les parties, les témoins ouïs en l'information faite à Poitiers, seroient récolés en leurs dépositions, & si besoin étoit, confrontés à la dame de Saint-Vincent, & autres ses coaccusés, auquel récolement il seroit procédé par le lieutenant-criminel de Poitiers: à l'effet de quoi il a été dit que commission rogatoire lui seroit adressée : les conclusions dudit substitut du premier décembre, & l'ordonnance du lieutenant criminel étant ensuite du même jour, par laquelle il a été dit que l'information faite à Poitiers, & les pieces y annexées seroient & demeureroient jointes au procès, comme aussi que ladite dame de Saint-Vincent seroit de nouveau interrogée sur les faits résultans de ladite information, & au surplus, que la sentence dudit jour premier décembre seroit exécutée selon sa forme & teneur; la commission rogatoire adressée par le prévôt de Paris au juge de Poitiers, à l'effet de récoler les témoins par lui entendus en déposition dudit jour 2 décembre 1774 : la requête présentée audit juge de Poitiers, par le duc de Richelieu, à fin d'acceptation de ladite commission, au bas de laquelle est l'ordonnance dudit juge du 5 dudit mois de décembre, portant acceptation de ladite commission : le récolement fait en conséquence par ledit juge le 6 dudit mois de décembre & jours suivans : la requête présentée au lieutenant-criminel du châtelet par le duc de Richelieu, tendante aux fins y contenues, au bas de laquelle est l'ordonnance dudit juge du 6 décembre, portant soit montrée audit substitut ; les conclusions dudit substitut étant ensuite du même jour, & l'ordonnance dudit lieutenant-criminel du 7, par laquelle il a été donné acte au duc de Richelieu de ce qu'en expliquant les plaintes en faux principal par lui précédemment rendues contre les billets & lettres à lui faussement attribués par la dame de Vincent & ses complices, il déclaroit maintenir fausses les deux lettres à lui attribuées, & lesquelles lettres ont été annexées par l'abbé de Villeneuve à son interrogatoire, ainsi que la lettre prétendue signée par lui, & par lui prétendue adressée au nommé Benavent, en faveur du sieur de [illegible] Montel, en date du 20 Avril dernier : laquelle derniere lettre a été trouvée dans les papiers dudit Benavent, lors de sa capture ; en conséquence il a été donné acte audit duc de Richelieu de sa plainte en faux principal, & notamment contre lesdites trois pieces ; il a été dit que conformément aux ordonnances dudit juge des 5 & 23 août dernier qui seroient exécutées, il seroit procédé à la vérification desdites trois pieces, par Paillasson & Poitier, jurés-experts écrivains nommés d'office par ledit juge sur les pieces de comparaison, & le corps d'écriture dudit maréchal duc de Richelieu admis par les procès-verbaux des 19, 31 octobre & 5 novembre derniers, lesquels deux experts écrivains seroient entendus en déposition devant ledit juge ; procès-verbal préalablement dressé de l'état desdites trois pieces arguées de faux en la présence dudit juge & de celle dudit substitut, conformément à l'ordonnance ; le procès-verbal dressé par ledit juge de l'état desdites trois pieces, le 9 dudit mois de novembre, l'information desdits experts faite devant ledit lieutenant criminel le [illegible] décembre 1774 & jours suivans; au bas de laquelle sont les conclusions dudit substitut du 28, tendantes à ce que ladite information fût jointe au procès, & que les témoins entendus en icelle fussent récollés & confrontés : l'ordonnance étant ensuite du 29 conforme auxdites conclusions : le certificat de Me Cochin, greffier criminel du châtelet, du 23 décembre 1774, qui constate que le nommé Narbonneau, l'un des témoins entendus dans l'information de Poitiers, n'est point comparu; le défaut donné en conséquence contre ledit témoin le même jour; confrontation des témoins entendus à Milhaud, à Canton accusé, du même jour; confrontation desdits témoins au sieur de Vedel-Montel, aussi accusé, du même jour; les procès-verbaux du même jour, contenant refus de la part de la dame de Saint-Vincent d'être confrontée à quelques témoins entendus dans les informations de Poitiers & de Milhaud : le récolement des experts sur leurs dépositions de la seconde information : le procès-verbal dressé le 30 dudit mois de décembre par le sieur Benoit de Maisoncelle, conseiller; l'arrêté de la chambre criminelle du châtelet, qui reçoit le [illegible] du sieur lieutenant-criminel; ledit arrêté, en date du 12 janvier 1775; autre arrêté de ladite chambre du même jour, portant que pour la nomination du magistrat, pour continuer l'instruction dudit procès, il en seroit référé à la compagnie assemblée : l'arrêté de ladite compagnie, du 14 dudit mois de janvier, portant la nomination du sieur [illegible] de la Honville, lieutenant-particulier, pour continuer l'instruction dudit procès : l'interrogatoire subi par ladite dame de Saint-Vincent le 20 janvier 1775 & jours suivans; au bas duquel sont les conclusions dudit substitut du 27, tendantes à ce que ladite dame de Saint-Vincent fût récolée sur icelui, & confrontée aux accusés en ce que besoin seroit : l'ordonnance dudit lieutenant-particulier étant ensuite, du même jour, conforme auxd. conclusions : la confrontation des témoins à la dame de Saint-Vincent dudit jour 27 janvier & jours suivans : la suite des récolemens des accusés en leurs interrogatoires, du 28 dudit mois de Janvier & jours suivans; la suite des confrontations des témoins à François de Vedel-Montel accusé, dudit jour 28 Janvier & jours suivans; la requête présentée par le duc de Richelieu, tendante aux fins y contenues, au bas de laquelle est l'ordonnance du lieutenant particulier, du 3 Février 1775, portant que le nommé Narbonneau, témoin, seroit réassigné à comparoir le 15 dudit mois, à peine d'y être contraint aux termes de l'ordonnance; les lettres-patentes données à Versailles le 30 Janvier 1775, signées Louis, & plus bas par le Roi, Phelippeaux, régistrées en notredite Cour, les grand'chambre & tournelle assemblées le premier Février suivant, qui autorise le sieur Petit de la Honville, lieutenant particulier, à continuer l'instruction du procès dont il s'agit; lesdites lettres pareillement registrées au châtelet, sur les conclusions du substitut de notre procureur général audit siege, le 3 dudit mois de Février; la confrontation des accusés à la dame de Saint-Vincent, aussi accusée, du 9 dudit mois de Février & jours suivans; autre confrontation des accusés à François de Vedel-Montel, aussi accusé, du 11 dudit mois de Février & jours suivans; les confrontations dudit sieur de Vedel-Montel, accusé, au nommé Canron, aussi accusé, du même jour; l'arrêt de notredite Cour, obtenu sur la requête de ladite de Saint-Vincent, le 13 Février 1775, qui a ordonné qu'expédition des récolemens, confrontations & autres nouvelles pieces & procédures extraordinaires faites par le lieutenant particulier du châtelet seroient apportées au greffe criminel de notredite cour; à ce faire le greffier du châtelet contraint par corps, à peine de 60 liv. & d'interdiction; la signification faite dudit arrêt à Paty, commis-greffier du châtelet, par exploit du 14 du même mois; la confrontation des accusés à Rubit, aussi accusé, du 13 Février & jours suivans; autre confrontation des accusés à Benavent, aussi accusé, du même jour 13 Janvier & jours suivans; la plainte en subornation de témoins, présentée audit lieutenant particulier par la dame de Saint-Vincent, au bas de laquelle est l'ordonnance dudit juge, du 16 Février 1775, portant soit montrée audit substitut, les conclusions dudit substitut étant ensuite du même jour, tendantes à ce que ladite plainte fût jointe au procès, pour en jugeant y avoir tel égard que de raison; l'arrêté de la chambre Criminelle du châtelet, du 17 dudit mois de Février, qui joint ladite requête au procès, pour en jugeant y avoir tel égard que de raison; la confrontation de Benavent, accusé, à l'abbé de Villeneuve-Flayosc, aussi accusé, du 18 dudit mois de Février; suite des confrontations des témoins à l'abbé de Villeneuve-Flayosc, du même jour 18 Février; suite des confrontations des témoins au nommé Sube, accusé, du 21 dudit mois de Février; le procès-verbal de perquisition & assignation à quinzaine au nommé Dubois, accusé contumax, dudit jour 21 Février; suite des récolemens des témoins en leurs dépositions du même jour; la confrontation de Boucher de Preville, accusé, à l'abbé Froment, du 22 dudit mois de Février; l'arrêt de notredite cour, rendu sur la requête de la dame de Saint-Vincent, ledit jour 22 Février, qui l'a reçue appellante de l'arrêté de la chambre criminelle du châtelet, du 17 du même mois, & sur la demande à fin de défenses, a renvoyé les parties à l'audience au mercredi 8 Mars lors prochain avec notre procureur général; la confrontation des témoins à l'abbé de Villeneuve-Trans, du 25 dudit mois de Février; autre confrontation des témoins à Boucher de Preville, du même jour; autre confrontation des témoins à à ladite Leroy, accusée, du 2 Mars 1775; autre confrontation des témoins à Benavent, accusé, du même jour; autre confrontation des experts à l'abbé de Villeneuve-Flayosc, accusé, du 4 Mars autre confrontation desdits experts au sieur Boucher de Preville, du même jour; autre confrontation des experts à Rubit, aussi accusé, du même jour; autre confrontation des experts à la dame de Saint-Vincent, aussi du même jour; autre confrontation des experts au nommé Canron, du même jour; autre confrontation des experts à l'abbé de Villeneuve-Trans, du même jour; autre confrontation des experts à la veuve Leroy, accusée, du même jour; autre confrontation des experts à l'Abbé Froment, du même jour; autre confrontation des experts à Benavent, accusé, du même jour; autre confrontation des experts à François de Vedel-Montel, aussi du même jour; le procès-verbal de perquisition des nommés Gilbert de la Chaussée, chevalier de Saint-Louis; Magdeleine de France, veuve de Jean-Baptiste de Saint-Aubin, officier de Marine; François Fouquet de Bremont, Bourgeois de Paris; Michel-Joseph Morel de Saint-Firmin, commissionnaire de la Marine, & Antoine Lacoste de Maupas, négociant, tous témoins;

ledit procès-verbal, en date du 3 Mars 1775, contenant aussi assignation auxdits témoins à comparoir au cabinet criminel du châtelet, devant Me Petit de la Honville, lieutenant particulier dudit châtelet, à l'effet d'être récolés en leurs dépositions, & si besoin étoit, confrontés aux accusés. La requête du duc de Richelieu, à l'effet d'assigner le nommé Dubois à huitaine; l'ordonnance dudit juge, du 9 Mars, étant au bas de ladite requête, portant soit montrée audit substitut [illegible] sions dudit Substitut étant ensuite, & l'Ordon[illegible] due par ledit lieutenant-criminel le même jour, qui [illegible] que ledit Dubois sera assigné de rechef à la huitaine [illegible] trompe par un seul cri public, suivant l'ordonnance [illegible] donnée en conséquence audit Dubois, par exploit [illegible] mois de Mars; la requête présentée à la tournelle par [illegible] chal duc de Richelieu, le 6 Mars 1775, tendante à ce qu'en venant par les parties plaider la cause d'entre elles sur l'appel interjetté par la dame de Saint-Vincent, d'une ordonnance ou sentence sur référé du châtelet de Paris, du 17 Février 1775, suivant les arrêts & exploits des 22 & 25 dudit mois, il fût ordonné qu'elles viendroient pareillement plaider sur ladite requête; ce faisant, toute la procédure faite par ladite dame de Saint-Vincent, fût déclarée nulle & de nul effet, & où notredite cour y feroit quelque difficulté, attendu qu'en cour souveraine il falloit défendre à toutes fins, ladite dame de Saint-Vincent fût déclarée purement & simplement non-recevable en son dit appel; ensemble, sans s'arrêter à ses demandes, [illegible] seroit déboutée, l'appellation fût mise au néant, que ce dont étoit appel sortiroit son plein & entier effet; & que ladite dame de Saint-Vincent fût condamnée en l'amende & aux dépens des causes d'appel & demandes; au bas de laquelle requête est l'ordonnance de notredite cour, de viennent, & la signification desdites requête & ordonnance à le [illegible] procureur [illegible] différentes requêtes présentées en la tournelle, à fin de [illegible] provisoire par Julie de Villeneuve de Vence, épouse de Jules Fauris de Saint-Vincent, François de Vedel-Montel, [illegible] Anne Bréard, veuve de Jacques-Joseph Leroy, Jean-[illegible] Benavent, & Antoine-François-Baltazard-Marie-[illegible] de

Villeneuve,

Villeneuve-Flayosc, tous accusés & prisonniers; la requête contraire du maréchal duc de Richelieu, au bas de toutes lesquelles requêtes sont les conclusions de notre procureur général; la requête imprimée, présentée en la tournelle par ladite dame de Saint-Vincent, & remise au greffe de notredite cour, le 2 Mars 1775, de l'ordre de la Chambre, tendante à être reçue appellante en adhérant à son premier appel, tant comme de Juges incompétens qu'autrement, des incursions faites par le commissaire Chenon, accompagné de soldats & gens armés, dans son appartement du couvent de la miséricorde, de l'apposition des scellés, & enlevemens furtifs de ses papiers, interrogatoires & emprisonnemens de sa personne, & de toute la procédure extraordinaire par lui faite depuis & compris le 25 jusqu'au 30 Juillet 1774 & autres, si aucuns sont, en vertu de la lettre [illegible] écrite par le maréchal de Richelieu, le 12 du même mois de Juillet, au sieur lieutenant de Police; l'appel fût tenu pour bien relevé, & faisant droit, l'appellation & ce dont étoit appel fussent mis au néant, émendant, ladite procédure faite par [illegible] & par son fils, comme le substituant, les appositions de scellés, enlevemens de papiers, interrogatoires & emprisonnemens fussent déclarés nuls, notoirement incompétens, [illegible] arbitraires & déraisonnables; il fût ordonné que les [illegible] violemment enlevés, & qui ne servent & ne peuvent servir à l'instruction du prétendu faux dénoncé par le maréchal duc de Richelieu, seroient rendus & restitués à ladite dame de Saint-Vincent par le commissaire Chenon, & tous greffiers & [illegible] à quoi faire ils seroient contraints par corps, ce faisant déchargés, sauf audit Chenon à se pourvoir contre ceux [illegible] tous; il fut permis à ladite dame de Saint-Vincent de prendre ledit Chenon à partie & de l'assigner en réparation, [illegible] civils, dépens, & pour lui être fait défenses [illegible] sous peines corporelles, sauf à notre procureur à prendre pour le bien & la vindicte publique les conclusions [illegible] requereroit, & la dame de Saint-Vincent [illegible] telles autres demandes qu'elle aviseroit; elle fût pareillement reçue appellante en adhérant à son premier appel de toutes les procédures faites par le lieutenant-criminel &

ledit Chenon commissaire, des nouveaux scellés, additions de plainte & d'informations faites tant au châtelet de Paris, qu'à Milhaud & à Poitiers, interrogatoires, récolement & confrontations; ledit appel fût tenu pour bien relevé, faisant droit sur lesd. appels, les appellations & ce dont est appel fussent mis au néant, émendant, toutes les procédures fussent déclarées nulles, tortionnaires, vexatoires & déraisonnables; il fut ordonné que ladite dame de Saint-Vincent seroit mise en toute liberté, son écrou biffé & rayé sur les registres des prisons du grand châtelet, à la laisser sortir tous greffiers, concierges & guichetiers contraints par corps; quoi faisant, déchargés; il fût ordonné que les billets, lettres, papiers & effets sur lesquels ledit Chenon a apposé de nouveaux scellés, en vertu de l'ordonnance du lieutenant-criminel du 14 août, & qui ont été déposés au greffe du châtelet, ensemble 37 lettres missives que l'on prétend écrites par le procureur de ladite dame de Saint-Vincent, sans approuver celles que le maréchal a choisi pour pieces de comparaison, seroient rendues & restituées à ladite dame de Saint-Vincent, à quoi faire tous greffiers & dépositaires seront contraints même par corps; ce faisant, déchargés: il fût également permis à ladite dame de Saint-Vincent de prendre à partie tant le sieur Bachois, lieutenant-criminel, que le commissaire Chenon, qui malgré son incompétence, & les vexations de la première procédure, ne s'est point déporté de la connoissance de la seconde, pour l'un & l'autre répondre aux conclusions qui seroient prises contre eux par ladite dame de Saint-Vincent; il lui fut donné acte de ce qu'elle dénonçoit à notre procureur-général, conformément à l'art. 3. de l'edit du 26 Novembre 1[illegible], le rapt de séduction & de violence commis en sa personne par le maréchal duc de Richelieu, malgré les vives plaintes de son mari, de son pere alors vivant & de toute sa famille, en abusant de son crédit & de la facilité à surprendre des lettres de cachet & profitant du tems que les Magistrats étoient dispersés & hors d'état d'agir, & dès-à-présent que ledit maréchal duc de Richelieu fût condamné aux dépens des procédures qui seroient déclarées nulles, en cent mille écus de dommages & intérêts par forme de réparation civile, sauf à lui à réitérer & poursuivre sa plainte en faux suivant l'ordonnance, & dans les formes régulieres & judiciaires, défenses réservées au contraire ; ladite requête répondue [illegible] en jugeant, & signifiée le 7 août 1775 à Desprez, procureur ; l'arrêt rendu en la tournelle sur le vu desdites procédures le 7 mars 1775, par lequel il a été ordonné que sur le tout il en seroit référé aux chambres assemblées. En conséquence notre procureur-général a été reçu opposant à l'exécution de l'arrêt du 22 février dernier, faisant droit sur son opposition ; ledit arrêt, ensemble tout ce qui pourroit s'en être ensuivi, ont été déclarés nuls & de nul effet : l'arrêté de notredite cour rendu, toutes les chambres assemblées le 10 dudit mois de mars, qui sur le référé ordonné par l'arrêt de la tournelle du 7 dudit mois a continué la délibération au vendredi 17 dudit mois de mars onze heures du matin, auquel jour les princes & pairs seroient invités de se rendre en notredite cour : Autre arrêté de notredite cour du 17 dudit mois de mars, rendu toutes les chambres assemblées, les princes & pairs y séants, par lequel il a été ordonné que sur ledit référé il seroit procédé en notredite cour en la maniere accoutumée, ès affaires concernant l'honneur d'aucuns des pairs de France ; en conséquence que les pairs seroient convoqués à la huitaine ; l'arrêt de notredite cour rendu toutes les chambres assemblées, les princes & pairs y séants, sur les conclusions de notre procureur-général, ledit jour 17 Mars 1775, par lequel il a été ordonné que sur le tout, les parties procéderoient en notredite cour ; il a été fait défenses à tous juges d'en connoître, & aux parties de faire aucunes poursuites ni procédures ailleurs qu'en icelle, à peine de nullité; à l'effet dequoi il a été ordonné que toutes les procédures extraordinaires, ensemble les pieces de conviction étant au greffe criminel du châtelet seroient incessamment apportées au greffe criminel de notredite cour; à ce faire tous greffiers dépositaires contraints par toutes voies dues & raisonnables, même par corps; quoi faisant, déchargés; comme aussi il a été ordonné que les prisonniers décrétés de prise de corps dans le procès dont il s'agit, & détenus tant ès prisons du grand & petit châtelet que du fort-l'évêque, feroient transférés sous bonne & sûre garde desdites prisons en celles de la conciergerie du palais; à ce faire tous greffiers, concierges & géoliers contraints par corps, quoi faisant, déchargés; il a été ordonné en outre que ledit arrêt seroit signifié dans le jour à la requête de notre procureur-général, aux officiers du châtelet dans la personne de leur greffier; la signification dudit arrêt auxdits officiers du châtelet en parlant à [illegible] greffier criminel, par exploit du même jour 17 mars, [illegible] Griveau, huissier en notredite cour; les différens procès-verbaux de translation des accusés prisonniers des prisons où ils étoient détenus, en celles de la conciergerie du palais, [illegible] procès-verbaux faits par Griveau & Sergent, huissiers en notredite cour, le 18 dudit mois de mars; la requête du maréchal duc de Richelieu du 27 avril 1775, tendante à ce qu'en reprenant, augmentant & corrigeant les conclusions par lui ci-devant prises, sans s'arrêter aux requêtes de la dame de Saint-Vincent, dans lesquelles elle seroit déclarée non-recevable, ou dont en tout cas elle seroit déboutée, en tant que touchoit l'appel interjetté par ladite de Saint-Vincent des procès-verbaux d'apposition des scellés, interrogatoires, emprisonnemens, & de tout ce qui a été fait par le commissaire Chenon, depuis le 25 juillet 1774, jusqu'aux [illegible] sions par lui commencées en exécution de l'ordonnance du lieutenant-criminel du châtelet, du 5 août, ledit maréchal duc de Richelieu fût déclaré follement intimé, en tant que touchoit l'appel interjetté par ladite dame de Saint-Vincent de toutes les procédures faites par le lieutenant-criminel du châtelet, elle fût déclarée purement & simplement non-recevable dans ledit appel, ou en tout cas l'appellation fût mise au néant: il fût ordonné que ce dont étoit appel sortiroit son plein & entier effet; en conséquence il fût ordonné que les poursuites & procédures extraordinaires encommencées au châtelet de Paris contre la dame de Saint-Vincent, seroient continuées en notredite cour sur les derniers erremens; à cet effet, & pour parachever l'instruction, [illegible]

[illegible] qu'il plairoit à notredite cour ; en tant que touchoit l'appel [illegible] interjetté par la dame de Saint-Vincent, de la sentence rendue au châtelet le 17 février dernier, qui a joint au fond la plainte en prétendue subornation de témoins, [illegible] par ladite dame de Saint-Vincent, pour en jugeant y avoir [illegible] égard que de raison, l'appellation fût mise au néant [illegible] amende ; il fût ordonné que ce dont étoit appel sortiroit son plein & entier effet, & où notredite cour croiroit dès-à-présent devoir statuer sur ladite plainte, audit cas l'appellation [illegible] mise au néant, émendant, ladite dame de Saint-Vincent fût déclarée purement & simplement non-recevable [illegible] plainte, ou en tous cas elle en fût déboutée ; en [illegible] que touchoit la demande en liberté provisoire formée par ladite dame de Saint-Vincent, attendu les charges du procès, & [illegible] dudit procès dont l'instruction étoit [illegible] achevée, il fût ordonné que ladite demande [illegible] jointe au fond ; en tant que touchoit la [illegible] ladite dame de Saint-Vincent en dommages-intérêts [illegible] fût déclarée purement & simplement non-recevable [illegible] présent, ou en tous cas elle en fût déboutée, [illegible] pareillement déclarée non-recevable dans la dénonciation [illegible] qu'elle faisoit à notre procureur-général, du prétendu [illegible] exercé en sa personne & de violence envers [illegible] ladite dame de Saint-Vincent fût condamnée aux [illegible], sous la réserve que faisoit ledit Marquis [illegible] de prendre au fond & après qu'il [illegible] sur lesdits incidens, telles conclusions qu'il appartiendroit ; au bas de laquelle requête est l'ordonnance de [illegible] qui a réservé à y faire droit en jugeant, & la [illegible] desdites requête & ordonnance à le Sénéchal [illegible] la requête de François Vedel-Montel du 5 avril [illegible] à être reçu appellant en adhérant à son précédent appel, [illegible] les procédures faites par le sieur Bachois [illegible], apposition de scellés, plaintes, informations [illegible] au châtelet qu'à Milhaud & Pinson, additions de plaintes & d'informations, interrogatoires, récolemens & confrontations ; ledit appel fût tenu pour bien relevé, faisant droit sur icelui ; l'appellation & ce dont étoit appel [illegible] mis au néant ; émendant, toutes lesdites procédures [illegible] clarées nulles, tortionnaires, vexatoires & déraisonnables : il fût ordonné que ledit de Vedel-Montel seroit mis en liberté, & que son écrou seroit rayé & biffé des registres des [illegible] où il a été & où il est retenu ; à le laisser sortir [illegible] concierges, guichetiers & autres contraints ; [illegible] quoi faisant ; ils en seront bien & valablement déch[illegible] fût ordonné que les lettres, billets, titres, papiers & [illegible] lesquels ont été apposés les scellés, en vertu de l'ord[illegible] du sieur Bachois, du 4 août mil sept cent soixante [illegible], qui ont été déposés au greffe du châtelet, & qui [illegible] servoient ni ne pouvoient servir à l'instruction du [illegible] dont se plaignoit le maréchal duc de Richelieu, seroient ren-dus & restitués audit de Vedel-Montel ; à quoi faire [illegible] fiers dépositaires & autres seroient contraints, même [illegible]; quoi faisant, ils en seroient bien & valablement [illegible] chargés : il fût permis audit sieur de Vedel-Montel [illegible] à partie le sieur Bachois, lieutenant criminel, pour [illegible] aux conclusions qui seroient prises contre lui par ledit de Vedel-Montel, & dès à présent le Maréchal de Richelieu fût condamné en deux cents mille livres de dommages & intérêts envers ledit Vedel-Montel par forme de réparation civile, & en tous les dépens des causes principale, d'appel & demandes, sauf à lui à réitérer & poursuivre sa plainte en faux [illegible], suivant l'ordonnance & dans les formes légales, défenses [illegible] servées au contraire, & sauf audit de Vedel-Montel à prendre par la suite telles autres fins & conclusions qu'il [illegible] être ; au bas de laquelle requête est l'ordonnance de [illegible] cour qui a réservé à y faire droit en jugeant, & la signification desdites requête & ordonnance à Desprès, procureur : requête en réponse du duc de Richelieu du 27 Avril 177[illegible], [illegible] de laquelle est l'ordonnance de notredite cour qui a réservé à y faire droit en jugeant, & la signification desdites requête & ordonnance à Morise, procureur : requête de Marie-Anne [illegible], veuve de Jacques-Joseph Leroy du 5 Avril 177[illegible], tendante à ce qu'en procédant au jugement du procès d'entre les parties pen-

[illegible] au rapport de meſſire de Challerange, Conſeiller, les plaintes, permiſſion d'informer, information, décret de priſe de corps décerné contre ladite veuve Leroy par le lieutenant criminel du châtelet, le 14 Août 1774, à la requête du maréchal duc de Richelieu, fuſſent déclarés nuls & de nul effet, & que ledit duc de Richelieu fût condamné en cent mille livres de dommages-intérêts & aux dépens, ſauf & ſans préjudice à la veuve Leroy de tous ſes droits & actions, & ſous la réſerve expreſſe de prendre à partie le lieutenant criminel du châtelet; au bas de laquelle requête eſt l'ordonnance de notredite cour qui a réſervé d'y faire droit en jugeant, & la ſignification deſdites requête & ordonnance à Deſprez, procureur: requête en réponſe du duc de Richelieu du 28 dudit mois d'Avril, au bas de laquelle eſt l'ordonnance de notredite cour qui a réſervé à y faire droit en jugeant; la ſignification deſdites requête & ordonnance à Japiot, procureur: requête d'Antoine-François-Balthazard-Marie-Eliſabeth de Villeneuve Flayoſc du 6 Avril 1775, tendante à ce que faiſant droit ſur les différens appels par lui interjettés, les appellations & ce dont eſt appel fuſſent mis au néant; émendant, toute la procédure ſur les plaintes du maréchal duc de Richelieu fût déclarée nulle, tortionnaire, vexatoire & déraiſonnable: il fût ordonné que ledit de Villeneuve Flayoſc ſeroit mis en liberté, ſon écrou rayé & biffé ſur les regiſtres des priſons de la conciergerie, & de tous autres; à le [illegible] tous greffiers, concierges, guichetiers contraints par corps, quoi faiſant, déchargés: il fût ordonné que les papiers & effets appartenans audit de Villeneuve Flayoſc, ſur leſquels le ſr Chenon avoit appoſé le ſcellé, & qui ont été dépoſés [illegible], ſeroient reſtitués audit de Villeneuve Flayoſc; à ce faire tous greffiers & dépoſitaires contraints, même par corps; quoi faiſant, déchargés: il fût permis aud. de Villeneuve Flayoſc de prendre à partie le ſieur Bachois, lieutenant criminel, pour répondre aux concluſions qui ſeroient priſes contre lui, & dès à préſent que le maréchal duc de Richelieu fût condamné en [illegible] mille livres de dommages-intérêts & en tous les dépens des procédures qui ſeroient annullées; au bas de laquelle requête eſt l'ordonnance de notredite cour qui a réſervé à y faire droit en jugeant, & la signification desdites requête & ordonnance à Desprez, procureur : requête en réponse du maréchal duc de Richelieu du 27 dudit mois d'avril ; au bas de laquelle est l'ordonnance de notredite cour qui a réservé à y faire droit en jugeant, & la signification desdites requête & ordonnance à Morise, procureur : le mémoire imprimé par François-Antoine Rubit, signifié le 10 Avril 1775 à Desprez procureur : requête de François-Antoine Rubit l'aîné du 15 Avril 1775, tendante à ce qu'il fût donné acte de ce que, pour moyens d'atténuation & faits justificatifs dans le procès extraordinaire commencé au châtelet & évoqué en notredite cour, il employoit le contenu en son mémoire imprimé, signifié le 10 dudit mois d'avril, ensemble le contenu en ladite requête & les preuves existantes à sa décharge dans ledit procès, & ce qu'il plaira à notredite cour y suppléer de droit & d'équité ; ce faisant, procédant au jugement du procès, & ayant égard auxdits faits justificatifs contenus audit mémoire imprimé, toute la procédure en ce qui concerne ledit Rubit fût déclarée nulle & vexatoire, l'accusation [illegible] contre lui intentée à la requête du maréchal duc de Richelieu fût déclarée injurieuse & calomnieuse ; il fût déchargé de ladite accusation ; ledit maréchal duc de Richelieu fût condamné envers ledit Rubit aux dommages-intérêts par forme de réparation civile à donner par déclaration : il fût ordonné que les mémoires imprimés, en ce qui concernoit ledit Rubit seroient & demeureroient supprimés comme calomnieux, & que ledit maréchal duc de Richelieu fût condamné en tous les dépens faits, tant au châtelet qu'en notredite cour ; il fût permis audit Rubit de faire imprimer & afficher par-tout où besoin seroit l'arrêt qui interviendroit aux frais & dépens du duc de Richelieu, sans préjudice audit Rubit d'aucuns de ses droits, noms, raisons & actions, & d'intenter telles autres demandes qu'il appartiendroit, même de demander à notredite cour de prendre à partie tous & aucuns des officiers dont ladite procédure étoit émanée ; au bas de laquelle requête est l'ordonnance de notredite cour qui a réservé à y faire droit en jugeant, & la signification desdites requête & ordonnance tant à notre procureur qu'à Desprez procureur : requête en ré-

ponse

ponse du maréchal duc de Richelieu du 27 dudit mois d'avril, au bas de laquelle requête est l'ordonnance de notredite cour qui a réservé à y faire droit en jugeant, & la signification desdites requête & ordonnance à Moynat, procureur : requête de Claude-Guillaume Boucher de Préville du 26 Avril 1775, tendante à ce qu'en procédant au jugement du procès de grand criminel intenté par le maréchal duc de Richelieu, ledit procès d'abord instruit au châtelet, depuis évoqué en notredite cour, ledit Boucher de Préville fût reçu appellant de la plainte, permission d'informer, information, décret & autres procédures contre lui faites au Châtelet de Paris, ensemble de l'ordonnance du lieutenant criminel qui a ordonné que ledit billet de soixante mille liv. dont il s'agit déposé par ledit Boucher de Préville au greffe civil seroit transporté au greffe criminel ; il fût donné acte audit Boucher de Préville, de ce que, pour moyens de nullité, il employoit le contenu en ladite requête, & de ce qu'il joignoit à ladite requête les pieces y énoncées aux inductions y tirées, ce faisant, attendu que l'instance civile étoit liée entre le maréchal duc de Richelieu & ledit Boucher de Preville, tant par exploit du 28 Juillet dernier, que les exceptions dudit maréchal duc de Richelieu, l'opposition par lui faite, le 18 Août, à la sentence du neuf du même mois, & par l'avenir signifiée à la requête pour plaider au parc civil du dix-neuf, & que cette demande étoit encore pendante au parc civil ; l'accusation postérieure en faux principal, dont le billet de soixante mille livres étoit argué, fût déclarée nulle & de nul effet, sauf au maréchal duc de Richelieu à se pourvoir, s'il y avoit lieu dans la cause civile par la voie du faux incident ou autrement; fins de non-recevoir & défenses réservées au contraire ; à cet effet, il fût ordonné que ledit billet seroit retiré du greffe criminel, où il a été originairement déposé ; à quoi faire, les greffiers & dépositaires contraints par corps; quoi faisant, déchargés; ledit Boucher de Préville fût pareillement déchargé de l'accusation contre lui intentée par le maréchal duc de Richelieu: il fût ordonné que les termes injurieux répandus contre la probité, l'honneur & la réputation dudit Boucher de Preville, dans les mémoires imprimés sous le nom du maréchal duc de Richelieu, & avoués de lui, & notamment dans un mémoire en 171 pages, où ledit Boucher de Préville étoit présenté comme coupable d'avidité & de gains illicites dans la négociation du billet dont il s'agit, ensemble ceux répandus au même titre dans un autre mémoire de 19 pages d'impression, page 17 dudit mémoire, seroient & demeureroient supprimés comme faux & injurieux, & ce pour par le maréchal duc de Richelieu avoir fait décréter ledit Boucher de Préville, sans aucun motif ni cause légitime, & avoir attaqué son honneur & sa réputation par les injures répandues dans lesdits mémoires, ledit maréchal duc de Richelieu fût condamné en outre en 50,000 livres de dommages & intérêts, sauf audit Boucher de Preville à poursuivre l'effet de sa demande civile, & pendante au châtelet, & sous la réserve de tous autres droits & actions dudit Boucher de Preville, & pour lui tenir lieu de réparation publique, il fût ordonné que l'arrêt à intervenir seroit publié, imprimé & affiché par-tout où besoin seroit aux frais du maréchal duc de Richelieu, jusqu'à concurrence de 3000 exemplaires; & que ledit maréchal duc de Richelieu fût condamné en tous les dépens faits au châtelet & en notredite cour; au bas de laquelle requête est l'ordonnance de notredite cour qui a réservé à y faire droit en jugeant; & la signification desdites requête & ordonnance à Després, Procureur. Requête en réponse du maréchal duc de Richelieu, du 27 dudit mois d'Avril, au bas de laquelle requête est l'ordonnance de notredite cour, qui a réservé à y faire droit en jugeant; & la signification desdites requête & ordonnance à Bertault, procureur. Requête de Jean-Baptiste Benavent, du 26 Avril 1775, tendante à être reçu appellant des plaintes, permission d'informer, informations, décret de prise de corps, & de tout ce qui a précédé & suivi, ledit appel fût tenu pour bien relevé, faisant droit sur icelui, les appellations & ce dont étoit appel fussent mis au néant, émendant, toutes les procédures faites sur les plaintes du maréchal de Richelieu fussent déclarées nulles, tortionnaires & déraisonnables; il fût ordonné que ledit Benavent seroit mis en liberté, son écrou rayé & biffé des registres des prisons de la conciergerie & de toutes autres, à le laisser sortir tous greffiers, concierges & guichetiers contraints par corps; quoi faisant, ils en demeureroient bien & valablement déchargés; il fût ordonné que les papiers & effets appartenans audit Benavent, sur lesquels Me Chenon avoit apposé les scellés, & qui ont été déposés au greffe du châtelet, seroient restitués audit Benavent; à ce faire tous greffiers & dépositaires contraints, même par corps; quoi faisant, déchargés: il fût permis audit Benavent de prendre à partie le sieur Bachois, lieutenant criminel, & Me Chenon, commissaire au châtelet, pour répondre aux conclusions qui seroient prises contr'eux; & dès à présent que le maréchal de Richelieu fût condamné en dix mille livres de dommages-intérêts, & en tous les dépens, tant des causes principales que d'appel & demande, & où notredite cour feroit la plus légere difficulté d'adjuger, quant à présent, lesdites conclusions, en ce cas, il fût ordonné par provision, sans préjudice du droit des parties, que ledit Benavent seroit mis en liberté, aux offres qu'il faisoit de donner caution de se représenter à toutes assignations dans un mois, ou tel autre délai qu'il plairoit à notredite cour fixer; au bas de laquelle requête est l'ordonnance de notredite cour qui a réservé à y faire droit en jugeant; & la signification desdites requête & ordonnance à Després, procureur. Requête en réponse du maréchal duc de Richelieu, du 27 dudit mois d'Avril, au bas de laquelle est l'ordonnance de notredite cour, qui a réservé à y faire droit en jugeant; & la signification desdites requête & ordonnance à de Hanlon, procureur. Requête de Guillaume Bazile Canron, dudit jour 27 avril 1775, tendante à être reçu appellant des plaintes, permission d'informer, information, décret de prise de corps, & de tout ce qui a précédé & suivi, ledit appel fût tenu pour bien relevé, & y faisant droit, les appellations, & ce dont étoit appel, fussent mis au néant, émendant, toutes les procédures faites sur les plaintes du maréchal duc de Richelieu, fussent déclarées nulles, tortionnaires & déraisonnables; il fût ordonné que ledit Canron seroit mis en liberté, son écrou rayé & biffé sur les registres des prisons de la conciergerie & de tous autres, à le laisser sortir, tous greffiers, concierges & guichetiers contraints par corps; quoi faisant, déchargés, le maréchal duc de Richelieu fût condamné en 50,000 livres de dommages intérêts, & en tous les dépens des causes principales & d'appel & demandes; & où notredite cour ne se détermineroit pas à prononcer, quant à présent, la nullité de toute la procédure, il fût ordonné, par provision, & sans préjudice du droit des parties, que ledit Canron seroit mis en liberté, & hors de prison de la conciergerie où il étoit détenu; à ce faire, tous greffiers & guichetiers contraints; quoi faisant, déchargés, aux offres qu'il faisoit de se représenter en tel décret qu'il plairoit à notredite cour: au bas de laquelle requête est l'ordonnance de notredite cour qui a réservé à y faire droit en jugeant; & la signification desdites requête & ordonnance à Desprez, procureur. Requête en réponse du maréchal duc de Richelieu, du même jour vingt-sept avril mil sept cents soixante-quinze, au bas de laquelle requête est l'ordonnance de notredite cour, qui a réservé d'y faire droit en jugeant, & la signification desdites requête & ordonnance à Dehaullon procureur; requête de Joseph-Georges Sube, du 28 dudit mois d'avril, tendante à ce qu'il lui fût donné acte de ce qu'il employoit le contenu en ladite requête pour moyens d'atténuation & faits justificatifs; ce faisant, en procédant au jugement du procès, ledit Sube fût déchargé avec dépens, de l'accusation contre lui intentée sous le nom du maréchal duc de Richelieu; & il fût ordonné qu'il seroit fait mention de l'arrêt qui interviendroit en marge de la minute, & de toutes expéditions qui ont pu être délivrées du décret du 7 octobre 1774; à ce faire tous greffiers & dépositaires seroient contraints, ledit Sube s'en rapportant pour le surplus de ses droits & actions, à la réparation qui lui est due, & à la justice de notredite cour; au bas de laquelle requête est l'ordonnance de notredite cour, qui a réservé à y faire droit en jugeant; la signification desdites requête & ordonnance à notre procureur-général, & au maréchal duc de Richelieu; requête en réponse du duc de Richelieu, du trois du même mois 1775: au bas de laquelle est l'ordonnance de notredite cour, qui a réservé à y faire droit en jugeant, & la signification desdite requête & ordonnance à Debessé procureur;

la requête de la dame de Saint-Vincent, du vingt-quatre mai 1775, tendante à ce qu'il lui fût permis de joindre à ladite requête le mémoire imprimé y énoncé ; il fût ordonné que l'arrêt de notredite cour qui a évoqué le procès criminel intenté par le maréchal duc de Richelieu, contre la dame de Saint-Vincent & autres accusés, feroit exécuté selon sa forme & teneur : en conséquence que toutes les minutes des procédures extraordinaires & autres pieces jointes, feroient apportées au greffe de notredite cour, si fait n'a été, pour y vérifier les nullités subsistantes, & celles qui pourroient avoir été réformées, tant les papiers qui étoient inutiles à l'instruction, que les lettres qu'elle peut employer pour sa justification, feroient rendus à la dame de Saint-Vincent ; il fût ordonné que le maréchal de Richelieu feroit tenu de lui restituer toutes celles qui ont été soustraites, dont il a fait imprimer une partie, & d'affirmer en personne à l'audience, qu'il n'en retient & détourne aucune, soit par lui-même & ses gens d'affaires, directement ou indirectement ; au surplus les autres conclusions prises par ladite dame de Saint-Vincent, par ses précédentes requêtes lui fussent adjugées avec dépens ; au bas de laquelle requête est l'ordonnance de notredite cour, qui a réservé à y faire droit en jugeant, & la signification desdites requête & ordonnance à Desprez procureur ; la sommation faite à la requête du maréchal duc de Richelieu, à Jean-Baptiste Bénavent, & signifiée à Dehaulkon procureur, ledit jour quatre mai ; autre sommation dudit maréchal duc de Richelieu à la dame de Saint-Vincent, signifiée le 5 dudit mois de mai à le Sénéchal procureur : la réponse de la dame de Saint-Vincent, à ladite sommation signifiée le huit dudit mois à Desprez procureur ; requête du maréchal duc de Richelieu, du 8 dudit mois de mai, tendante à ce que, vu les sommations faites par ledit maréchal duc de Richelieu au sieur Bénavent, à la dame de Saint-Vincent, les 4 & 5 dudit mois de mai, & faute par lui d'y avoir satisfait, il fût ordonné que le fait avancé par Bénavent, par sa requête du 26 Avril dernier, « que si l'on en croit le public, M. le » maréchal est possesseur de deux griffes d'argent qu'il a fait

» faire à différens intervalles par un orfévre de Bordeaux » ; comme aussi le fait avancé par la dame de Saint-Vincent par sa requête dudit mois, « qu'un habitant de Bordeaux a certifié à » Versailles Paris, que les 300000 liv. ont été exigées & reçues » par M. le maréchal, du corps municipal de cette ville, pour » s'acquitter de ses promesses envers la dame de Saint-Vincent », demeureroient dès à présent supprimés, comme injurieux faux & calomnieux, & comme tels les inductions qui en ont été tirées, rejettées du procès, sous les réserves que faisoit le maréchal duc de Richelieu, de se pourvoir par telles voies qu'il appartiendroit en réparation d'honneur pour raison desdites injures & calomnies ; il fût permis audit maréchal duc de Richelieu de joindre au procès lesdites deux sommations des 4 & 5 Mai 1775 ; au bas de laquelle requête est l'ordonnance de notredite cour, qui a réservé à y faire droit en jugeant, & la signification desdites requête & ordonnance à le Sénéchal & Dehaullon procureur : l'arrêt de notredite cour toutes les chambres assemblées, suffisamment garnie de ducs & pairs, rendu sur le vu desdites procédures, & sur les conclusions de notre procureur-général le 9 mai 1775, par lequel notre procureur-général a été reçu appellant de l'ordonnance portant soit montré au substitut de notre procureur-général au châtelet, rendue par Petit de la Honville, lieutenant particulier audit châtelet le 16 février 1775, apposée au bas de la requête en subornation & faux témoignage à lui présentée par Julie de Villeneuve de Vence épouse de Jules Fauris de Saint-Vincent ; il a été pareillement reçu appellant de l'arrêté du 17 du même mois, rendu sur les conclusions dudit substitut par délibération du conseil assemblé en la chambre dudit châtelet, portant que ladite requête seroit jointe au fond du procès, pour en jugeant y avoir tel égard que de raison, & de tout ce qui a suivi lesdites ordonnance & arrêté, & sans qu'il soit besoin de s'arrêter audit appel : faisant droit sur les conclusions de notre procureur-général, lesdites ordonnance & arrêté ont été déclarés nuls & incompétemment rendus, toutes les procédures faites audit châtelet, par ledit lieutenant particulier, à la requête du duc de Richelieu depuis & compris ledit jour 16 février dernier, ont pareillement été déclarées nulles, incompétemment faites; en conséquence il a été ordonné que lesdites procédures déclarées nulles, resteroient déposées au greffe criminel de notredite cour pour y servir de mémoire seulement; la requête de François-Antoine Rubit, du 11 mai 1775, *tendante à ce qu'en augmentant & expliquant*, en tant que de besoin, les conclusions qu'il a prises par sa requête du 11 avril 1775, il lui fût donné acte de ce que pour moyen d'atténuation & faits justificatifs dans le procès extraordinaire commencé au au chatelet, & évoqué en notredite cour, il employoit les preuves existantes à sa décharge dans ledit procès, son mémoire imprimé signifié ledit jour 11 avril lors dernier, ensemble le contenu en sadite requête, & ce qu'il plairoit à notredite cour suppléer de droit & d'équité; ce faisant procédant au jugement, & ayant égard auxdits faits justificatifs, toute la procédure en ce qui concernoit ledit Rubit fût déclarée nulle & véxatoiré; l'accusation contre lui intentée à la requête du maréchal duc de Richelieu, fût pareillement déclarée injurieuse & calomnieuse; il fût déchargé de ladite accusation, ledit duc de Richelieu fût condamné envers ledit Rubit en cent mille livres, ou telle autre somme qu'il plairoit à notredite cour arbitrer pour dommages intérêts par forme de réparation civile, & en tous les dépens; il fût ordonné que les mémoires imprimés sous le nom de mondit sieur le maréchal duc de Richelieu, seroient & demeureroient supprimés comme injurieux & calomnieux envers ledit Rubit; & où par l'évenement du procès en inscription de faux intenté par le maréchal duc de Richelieu, contre la dame de Saint-Vincent, les trois billets montans à la somme de quatre-vingt mille livres, en date des 15 mars, 14 avril & 8 mai 1774, dont ledit Rubit étoit porteur, seroient déclarés faux, ce que ledit Rubit n'estimoit pas; en ce cas, attendu que la dame de Saint-Vincent auroit escroqué dudit Rubit les sommes portées auxdits billets, à la faveur du crime de faux dont elle auroit été convaincue & jugée coupable, ladite dame de Saint-Vincent fût condamnée dès à présent & par corps, à payer audit Rubit ladite somme principale de quatre-vingt mille livres, montant des trois billets : & pour sûreté du paiement, & de faciliter, il fût ordonné que ladite dame de Saint-Vincent, détenue dans la conciergerie du palais, garderoit prison, jusqu'à parfait paiement desdites sommes ; qu'à cet effet elle seroit écrouée en tant que de besoin, à la requête dudit Rubit, en vertu de l'arrêt qui interviendroit, & sur la minute d'icelui : comme aussi qu'il seroit permis audit Rubit de saisir & revendiquer les marchandises par lui livrées pour partie des causes desdits billets, & ce par-tout où lesdites marchandises se trouveroient en nature, ou le prix d'icelles par-tout où il se trouveroit ; ladite dame de Saint-Vincent fût condamnée en outre en cent mille livres de dommages-intérêts, ou telle autre somme qu'il plairoit à notredite cour, envers ledit Rubit, & en tous les dépens faits à son égard, tant au châtelet qu'en notredite cour, frais & mises d'exécution ; il fût permis audit Rubit dans tous les cas de faire imprimer publier & afficher, aux frais du maréchal duc de Richelieu, l'arrêt à intervenir par tout où besoin seroit, sans préjudice d'aucuns de ses droits, noms, raisons & actions, sous la réserve même de prendre à partie tous & aucuns des officiers du châtelet, dont la procédure étoit émanée : au bas de laquelle requête est l'ordonnance de notredite cour qui a réservé à y faire droit en jugeant, & la signification desdites requête et ordonnance à Desprez & le Sénéchal procureurs ; la requête de ladite dame de Saint-Vincent du 13 mai 1775, tendante à ce qu'il lui fût permis de joindre à ladite requête les pieces y énoncées aux inductions qui en ont été tirées, il fût donné acte de la dénégation portée par ladite requête, des faits qui y sont énoncés, & que ladite dame de Saint-Vincent articuleroit & demanderoit que la preuve soit faite, lorsqu'après une procédure réguliere elle seroit en état de proposer les faits justificatifs ; ledit maréchal duc de Richelieu fût déclaré non-recevable dans sa demande, à fin que ladite dame de Saint-Vincent soit tenue de lui nommer l'habitant de Bordeaux ; il fût pareillement donné acte à ladite dame de Saint-Vincent de la déclaration faite au nom & signée du maréchal duc de Richelieu, page six de ses observations imprimées, que les signatures de huit de ses douze

douze billets sont évidemment du même type, & quatre d'un autre; que chacune de ces deux classes appliquées l'une sur l'autre se couvrent exactement, & n'en laissent dans cette position appercevoir qu'une; que la signature de la lettre écrite à Bénavent par le maréchal, trouve son type dans la classe des quatre billets, *qu'il produit le même effet, même dimension dans les longueurs, distances des mots & hauteurs des lettres;* & attendu qu'un pareil type qui imprime des caracteres, des lettres & des signatures si parfaitement semblables, n'est & ne peut être qu'une griffe, & que plusieurs personnes assurent que le maréchal duc de Richelieu en avoit fait faire deux à un orfévre de Bordeaux, reserver à ladite dame de S. Vincent d'en tirer tel avantage qu'elle aviseroit, lorsqu'il seroit tems d'établir les faits justificatifs & que le maréchal auroit fait une procédure conforme aux ordonnances de 1670, & 1737; au surplus lui adjuger les autres conclusions : au bas de laquelle requête est l'Ordonnance de notredite cour, par laquelle il a été réservé à y faire droit en jugeant, & la signification desdites requête & ordonnance à Desprez procureur; la requête du maréchal duc de Richelieu dudit jour 13 mai 1775, contenant demande à ce qu'il fût donné acte de la déclaration par lui précédemment faite, & qu'il réitéroit qu'il dénioit formellement, 1°. d'avoir eu & d'avoir encore en sa possession aucune griffe d'argent & d'aucun autre métal; d'en avoir fait faire à aucun intervalle par un orfévre de Bordeaux, & aucun autre; comme aussi d'avoir exigé & reçu du corps de la ville de Bordeaux les 300,000 liv. dont il s'agit, soit pour lui-même, soit pour s'acquitter d'aucune promesse, & de quoique ce soit, envers ladite dame de Saint-Vincent ni autres, & dès-à-présent tenir lesdits faits pour faux, injurieux & calomnieux; il fût donné acte audit maréchal duc de Richelieu de la plainte qu'il rend à notredite cour, tant contre ladite dame de Saint-Vincent que contre le sieur Bénavent, des inculpations portées par leurs requêtes des 26 avril dernier & 4 dudit mois de mai, & de la dénonciation qu'il en fait audit procureur-général, dont il requiert la jonction; leur faire défenses de plus à l'avenir injurier & calomnier ledit duc de Richelieu sous telles peines qu'il appartiendra, les condanner à en faire réparation d'honneur audit maréchal duc de Richelieu, & en tels dommages & intérêts qu'il plaira à notredite cour arbitrer ; enjoindre à leurs procureurs d'être plus circonspects, & leur faire défenses de signer aucune requête contenant des faits faux, injurieux & attentatoires à l'honneur & à la dignité de pair de france, sauf à notre procureur-général pour la vindicte publique à prendre telles conclusions qu'il appartiendroit contre ladite dame de Saint-Vincent, & ledit Bénavent & leurs procureurs, & que ladite dame de Saint-Vincent & ledit Bénavent fussent condamnés, chacun à leur égard, aux dépens ; au bas de laquelle requête est l'ordonnance de notredite cour qui a réservé à y faire droit en jugeant, & la signification desdites requête & ordonnance à le Sénéchal & Dehaullon, procureur : le mémoire imprimé par françois de Vedel-Montel & signifié ledit jour treize mai 1775 à Desprez procureur ; la requête du maréchal duc de richelieu, du 16 dudit mois de mai, tendante à ce qu'en réformant les conclusions, par lui ci-devant prises par ses requêtes produites au procès, il fût ordonné que les appels interjettés par ladite dame de Saint-Vincent, de Vedel-de-Montel, la veuve Leroy, l'abbé de Villeneuve, Bénavent, Rubit & autres des plaintes, information, décrets, reglement à l'extraordinaire, récolements & confrontations, & de toute la procédure, seroient & demeureroient converties en demandes pures & simples en nullité, pour y être fait droit en jugeant, & faisant droit sur lesdites demandes, les conclusions ci-devant prises par le maréchal duc de Rrichelieu par sesdites requêtes lui fussent adjugées ; au bas de laquelle requête est l'ordonnance de notreditte cour qui a réservé à y faire droit en jugeant, & la signification desdites requête & ordonnance à Moynat, Berteau, Japiot, Dehaullon, Morize & le Sénéchal, procureurs ; autre requête dudit maréchal duc de Richelieu dudit jour 16 mai 1775, tendante à être reçu opposant à l'exécution de tous jugemens & à tous arrêts de notredite cour, rendus en la tournelle, par lesquels ladite dame de Saint-Vincent & autres ses coaccusés auroient été reçus appellans des plaintes, permission d'informer, information décrets & autres procédures extraordinaires, faites contre eux au châtelet de Paris, à la requête du maréchal duc de Richelieu, sur les conclusions du ministere public & ce antérieurement à l'arrêt de notredite cour du 17 mars dernier, faisant droit sur ladite opposition, lesdits jugemens & arrêts, & les procédures sur lesquelles ils sont intervenus, déclarés nuls, & au surplus, les conclusions prises par ledit duc de Richelieu par sa requête précédente lui fussent adjugées, & que ladite dame de Saint-Vincent & autres ses coaccusés, fussent condamnés aux dépens; au bas de laquelle requête est l'ordonnance de notredite cour qui a réservé à y faire droit en jugeant, & la signification desdites requête & ordonnance à Berteau, le Sénéchal, Morise, Japiot, Dehaullon & Moynat, procureurs. Requête de la dame de Saint-Vincent, du 17 mai 1775, tendante à ce qu'en venant plaider la cause d'entre elle & autres accusés, & le maréchal duc de Richelieu, il fût ordonné qu'elles viendroient pareillement plaider sur ladite requête: ce faisant ladite dame fût reçue appellante, en adhérant à son premier appel, tant comme de juges incompétens, qu'autrement, de l'ordonnance du lieutenant de police du 24 juillet 1774, en vertu de laquelle le commissaire Chenon prétend avoir fait les premieres incursions violentes, & accompagné de vingt hommes armés, dans l'appartement de la dame de Saint-Vincent; pris d'elle un interrogatoire, enlevé de force ses titres & papiers; apposé les scellés sur ceux qu'il a supposé lui être suspects; l'avoit conduite & emprisonnée à la bastille, entendu des témoins, fait subir des nouveaux interrogatoires, nommé des experts de son office, dressé des procès-verbaux de remise & de rapport de prétendues pieces de comparaison, du nombre desquelles étoit la lettre missive du maréchal duc de Richelieu du 13 juillet 1774: lesdites procédures en date des 25, 26, 28, 29 & 30 juillet, & autres inconnues à ladite dame de Saint-Vincent, ensuite de la chartre privée dans laquelle l'a retenue le commissaire Chenon pendant 18 jours, depuis qu'elle a été mise hors de la bastille; l'appel fût tenu pour bien relevé, y faisant droit, l'appellation & ce dont est appel fussent mis au néant ; émendant, déclarer l'ordonnance ou ordre dudit lieutenant de police de premier emprisonnement fait en conséquence au château de la bastille, le transport du commissaire Chenon à hautes armes dans le monastere de la miséricorde en l'intérieur de l'appartement de ladite dame de Saint-Vincent, enlevement furtif de ses papiers & lettres, appositions des scellés, interrogatoires, informations, nominations d'experts, procès-verbaux de remise ou rapport des prétendues pieces arguées de faux & de comparaison, & la détention en charte privée, nulles, attentatoires à la sûreté des citoyens & à la liberté publique, notoirement incompétentes, tortionnaires & vexatoires ; ordonner que les lettres & papiers enlevés de force par le commissaire Chenon seront restitués & rétablis, à quoi faire lui & tous autres retentionnaires, même les greffiers & autres dépositaires seroient contraints par corps; quoi faisant, déchargés: ladite dame de Saint-Vincent fût pareillement reçue appellante des secondes procédures faites, tant par ledit commissaire Chenon que par le lieutenant-criminel du châtelet, de celles de Milhaud & de Potiers, & de tout ce qui a précédé & suivi jusques & compris le 6 février dernier ; ledit appel fût tenu pour bien relevé ; y faisant droit, ensemble sur l'appel principal, les appellations & ce dont est appel fussent mis au néant, émendant, toutes les secondes procédures faites depuis & compris le 24 juillet 1774, jusques & compris le 16 février 1775, fussent déclarées nulles & incompétentes, tortionnaires & vexatoires : il fût ordonné que ladite dame de Saint-Vincent seroit mise définitivement en liberté, les écrous rayés & biffés sur les registres des prisons du châtelet & de la conciergerie ; à la laisser sortir tous greffiers, concierges & geoliers contraints par corps ; quoi faisant, déchargés : il fût ordonné que les titres, lettres, papiers & autres effets furtivement & par violence enlevés, tant ceux remis par le commissaire Chenon, soit au maréchal duc de Richelieu ou à ses gens d'affaires, ceux que son intendant a retirés du greffe du châtelet pour les communiquer à son défenseur & les faire imprimer en partie & autres qui peuvent avoir été déposés au greffe seroient retirés ; à quoi faire le commissaire Chenon & tous les autres retentionnaires & dépositaires seroient contraints, même par corps, & le duc de Richelieu tenu d'affirmer en personne à l'audience qu'il n'en retenoit aucun directement ni indirectement, & qu'il n'a point de connoissance que ses gens d'affaires ou le commissaire Chenon en ayant soustrait ou diverti aucuns, il fût permis à ladite dame de Saint-Vincent de prendre à partie le sieur Bachois, lieutenant-criminel, & le commissaire Chenon, pour répondre aux conclusions qui seront prises contr'eux ; il fût donné acte à ladite dame de Saint-Vincent de la dénonciation qu'elle a ci-devant faite à notre procureur-général, sauf à ce magistrat à prendre conformément aux ordonnances, telles conclusions qu'il aviseroit ; que le maréchal duc de Richelieu fût condamné en 300,000 liv. de réparation civile, & en tous les dépens : il fût donné acte à ladite dame de Saint-Vincent de la plainte en subornation des témoins que le maréchal ne dénioit pas, mais qu'il prétend seulement être inutile : il lui fût permis d'en informer, tant par titres que par témoins, & faire publier monitoires par-tout où besoin seroit, & où notredite cour croiroit différer à statuer sur les nullités monstrueuses des deux procédures antérieures au 17 février 1775, ou qu'elle ordonneroit qu'en exécution de l'arrêt du 9 mai, la procédure qu'il a déclarée nulle depuis le 17 février seroit recommencée & faite par le rapporteur, en l'un & l'autre de ces deux cas, il fût ordonné par provision qu'en attendant que le procès soit fait & parfait au maréchal duc de Richelieu sur la subornation, & que la procédure principale soit confirmée & parachevée depuis le 17 février, ladite dame de Saint-Vincent seroit mise en liberté & réintégrée dans son appartement du couvent de la miséricorde : ledit maréchal fût condamné aux dépens à cet égard ; au bas de laquelle requête est l'ordonnance de notredite cour, qui a réservé à y faire droit en jugeant, la signification desdites requête & ordonnance à Desprez procureur : l'arrêt de notredite cour, toutes les chambres assemblées, suffisamment garnie de Pairs, rendu sur le vû desdites procédures & sur les conclusions de notre procureur-général, le 18 mai 1775, par lequel notre procureur-Général a été reçu opposant à tous jugemens, arrêts & ordonnances provisoires qui auroient reçu aucuns appels; faisant droit sur ladite opposition, il a été ordonné que lesdits appels seroient convertis en demandes, pour être sur le tout statué en la maniere accoutumée; la requête de ladite dame de Saint-Vincent contenant demande à ce qu'il lui fût donné acte de ce qu'en adhérant & persistant dans sa plainte en subornation présentée au châtelet & jointe au fonds par sentence sur référé du 17 février 1775, elle rendoit plainte par addition de nouveaux faits de subornation expliqués par ladite requête, tant contre le maréchal duc de Richelieu que ses gens d'affaires, fauteurs, complices & adhérens; faisant droit sur l'appel de la sentence du 17 février 1775, l'appellation & ce dont est appel fussent mis au néant; émendant que ladite sentence de jonction fût déclarée nulle, en conséquence il fût permis à ladite dame de Saint-Vincent de faire informer tant par titres que par témoins & publication de monitoire, de tous les faits de subornation expliqués & détaillés tant par sa premiere plainte, que par les présentes, circonstances & dépendances, ainsi & de la maniere qu'elle y a ci-devant conclu; il fût permis également de joindre à ladite requête copie du placet du sieur Bénavent écrite & signée de sa main, ladite requête signée à toutes les pages de ladite dame de Saint-Vincent & de le Sénéchal procureur; la requête du maréchal duc de Richelieu du 22 mai 1774, & tendante à ce qu'en procédant au jugement du procès d'entre les parties, les conclusions par lui ci-devant prises lui fussent adjugées, & y augmentant, il fût ordonné que la plainte en subornation hasardée par la dame de Saint-Vincent, comme étant dans l'espece un fait justificatif & non une exception péremptoire, seroit & demeureroit jointe au fond du procès pour y avoir, en visitant le procès, tel égard que de raison, pour l'intérêt de la vérité & celui de l'honneur d'un Pair de France, qu'on essaie de compromettre par une inculpation aussi odieuse; il fût donné acte audit maréchal de Richelieu des réserves qu'il faisoit de prendre par la suite telles conclusions qu'il jugeroit nécessaires pour obtenir une réparation authentique de l'outrage fait à son honneur par cette plainte téméraire ; même de demander qu'il soit procédé à une information sur les faits y hasardés, pour en établir la fausseté & mettre en évidence la calomnie qu'on s'étoit permis d'employer contre lui ; au bas de laquelle requête est l'ordonnance de notredite cour, qui a réservé à y faire droit en jugeant ; & la signification desdites requête & ordonnance à le Sénéchal, procureur : requête de ladite dame de Saint-Vincent dudit jour 22 mai 1775, tendante à ce qu'en adjugeant à ladite dame de Saint-Vincent les conclusions par elle ci-devant prises par ses précédentes requêtes, il fût fait défenses au maréchal duc de Richelieu de plus à l'avenir médire, calomnier, insulter, outrager, presécuter par cruauté, voies de fait & de paroles, ladite dame de Saint-Vincent, femme de qualité, sous telles peines qu'il plairoit à notredite cour de prononcer ; il lui fût enjoint de veiller à la conduite de ses intendans & gens d'affaires, à ce qu'ils soient plus circonspects & ne se livrent pas contre la dame de Saint-Vincent à des injures atroces, impostures, mensonges, dont tous leurs écrits sont parsemés ; il fût ordonné que les requêtes, mémoires & autres imprimés du maréchal duc de Richelieu seroient déclarés, injurieux, calomnieux & remplis de faits faux, qu'ils seroient & demeureroient supprimés, & qu'un exemplaire de chacun seroit brûlé & lacéré par le greffier de notredite cour, qui en dresseroit procès-verbal, lequel, avec l'arrêt qui interviendroit, il seroit permis à ladite dame de Saint-Vincent de faire imprimer, afficher, & distribuer par-tout où besoin seroit, jusqu'à concurence de 3000 exemplaires, aux frais & dépens du maréchal duc de Richelieu, & que le maréchal duc de Richelieu fût condamné en tous dépens, sans préjudice à la dame de Saint-Vincent de tous autres droits & actions, dont elle faisoit réserve expresse, sauf à elle à former dans la suite telles nouvelles demandes, & à prendre telles autres conclusions qu'il appartiendroit ; au bas de laquelle requête est l'ordonnance de notredite cour, qui a réservé à y faire droit en jugeant ; & la signification desdites requête & ordonnance à Desprez procureur; l'arrêt de notredite cour, toutes les chambres assemblées, suffisamment garnie de pairs, rendu sur les conclusions de notre procureur-général, le 23 mai 1775, lequel faisant droit sur les conclusions de notre procureur-général, & ayant aucunement égard aux requêtes & demandes de Julie de Villeneuve de Vence, épouse de Jules-Fauris de Saint-Vincent & autres accusés, a déclaré nul & incompétent le procès-verbal de transport & apposition des scellés sur les papiers de Jean-Baptiste Benavent, dressé par Chenon fils, commissaire au châtelet de Paris, substituant son pere le 25 juillet 1774; celui de reconnoissance & levée desdits scellés, dressé le même jour par Chenon pere commissaire audit châtelet; l'interrogatoire subi le même jour par ledit Benavent, devant ledit commissaire; le procès-verbal de transport & apposition des scellés sur les papiers de la dame de Saint-Vincent, dressé par ledit commissaire le même jour; l'interrogatoire subi ledit jour devant ledit commissaire, par ladite de Saint-Vincent; autre interrogatoire subi par la même, devant le même commissaire, le 28 dudit mois de juillet; le procès-verbal de transport & apposition des scellés sur les papiers de l'abbé Froment, dressé par le même commissaire, le 25 dudit mois de juillet; celui de reconnoissance & levée desdits scellés, dressé le même jour par le même commissaire; l'interrogatoire subi devant ledit commissaire par ledit abbé Froment, la déclaration faite au même commissaire par François de Vedel-Montel, le même jour 25 juillet; autre déclaration faite le 26 du même mois, audit commissaire par ledit de Vedel-Montel, le procès-verbal de la reconnoissance & levée des scellés, apposés sur les papiers de ladite de Saint-Vincent, dressé par ledit commissaire, le 25 dudit mois de juillet de relevée; la déclaration faite le 26 du même mois, au même commissaire, par Marie-Anne Bréard, veuve de Jacques-Joseph Leroy; autre déclaration faite le même jour au même commissaire, par Jean-Baptiste-Joseph Orion, Claude Blondeau; autre déclaration faite le 29 du même mois, au même commissaire par Etienne

Etienne Vesou ; autre déclaration faite le même jour au même commissaire par Antoine Robert ; l'acte de comparution de Guillaume & Pierre Liverloz, jurés experts écrivains, du vingt-sept dudit mois de juillet, devant le même commissaire, contenant remise par ledit commissaire auxdits Guillaume & Pierre Liverloz, de sept pieces y énoncées; autre acte de comparution du 30 du même mois, de Pierre Liverloz devant le même commissaire, contenant remise de la part dudit Liverloz audit commissaire desdites sept pieces, & joint le surplus des demandes de ladite dame de Saint-Vincent & autres accusés, en restitution de pieces & papiers, dommages & intérêts, & prise à partie contre les commissaires Chenon pere & fils, au fond du procès, pour y avoir en jugeant tel égard que de raison ; autre arrêt de notredite cour, toutes les chambres assemblées, suffisamment garnies, de pairs, rendu sur les conclusions de notre procureur-général, le 24 mai 1775, lequel ayant aucunement égard aux demandes en nullité de ladite dame de Saint-Vincent & autres accusés, a déclaré l'ordonnance du lieutenant criminel du châtelet de Paris, du 14 août 1774, nulle en ce que par icelle, il a été ordonné qu'une expédition du procès-verbal d'apposition, reconnoissance & levée des scellés, sur les papiers de ladite dame de Saint-Vincent, & de Jean-Baptiste Benavent, seroit déposée au greffe pour servir à l'instruction du procès ce que de raison ; en conséquence a ordonné que les pieces pouvant servir à charge & décharge, demeureroient au greffe criminel de notredite cour, pour être jointes au procès & y servir à l'instruction & jugement ce que de raison, & que le procès-verbal d'apposition, reconnoissance & levée des scellés du 25 juillet 1774, fait par le commissaire Chenon & son fils ; les interrogatoires subis devant le commissaire Chenon pere, par ladite dame de Saint-Vincent, Benavent & l'abbé Froment, des 25 & 28 dudit mois de juillet ; les déclarations faites devant le même commissaire par François de Vedel-Montel, Marie-Anne Bréard, veuve de Jacques-Joseph Leroy, Jean-Joseph Orion, Claude Blondeau, Etienne Vesou & Antoine Rubit, les 25, 26 & 29 du mois de juillet ; l'acte de comparution de Jean Guillaume & Pierre Leverloz, jurés experts écrivains devant le même commissaire, le 27 dudit mois de juillet, contenant remise par ledit commissaire, auxdits deux experts de sept pieces énoncées audit acte; autre acte de comparution de Pierre Liverloz devant le même commissaire, le 3 dudit mois de juillet, contenant remise par ledit Liverloz, audit commissaire desdites sept pieces, tous lesquels actes déclarés nuls, par l'arrêt du 23 dudit mois de mai, resteroient au greffe comme mémoire seulement: la requête d'Alexandre-Marie de Villeneuve abbé de Trans, du 29 mai 1775, contenant demande à ce qu'il lui fût donné acte de ce que pour moyens de nullité, & en tant que besoin pour moyens de défenses & faits justificatifs, contre l'accusation intentée contre lui, à la requête du maréchal duc de Richelieu, il employoit le contenu en ladite requête; ce faisant ladite accusation, ainsi que la procédure qui en a été la suite, fussent déclarées nulles, tortionnaires, injurieuses & vexatoires, & en tout cas il en fût déchargé il fût fait défenses au maréchal duc de Richelieu, de plus à l'avenir en intenter de pareilles contre ledit de Villeneuve-Trans, & pour l'avoir fait il fût condamné en 10,000 l. de dommages-intérêts applicables, du consentement dudit de Villeneuve-Trans, à telles œuvres pies qu'il jugeroit à propos de choisir: il fût ordonné que les termes injurieux répandus dans les requêtes & mémoires du duc de Richelieu, seroient & demeureroient supprimés, comme aussi que l'arrêt à intervenir seroit imprimé & affiché par tout où besoin seroit, au nombre de mille exemplaires, aux frais & dépens du maréchal duc de Richelieu; au bas de laquelle requête est l'ordonnance de notredite cour, qui a réservé à y faire droit en jugeant, & la signification desdites requête & ordonnance à Desprez procureur; l'arrêt de notredite cour, toutes les chambres assemblées, suffisamment garnie de pairs, rendu sur le vu des procédures extraordinaires, & sur les conclusions de notre procureur-général, le premier juin 1775, qui a joint la demande à fin de liberté provisoire, de la dame de Saint-Vincent, au fond du procès, pour en jugeant y avoir tel égard que de raison; le mémoire imprimé intitulé précis pour M. le maréchal duc de Richelieu pair de France, contre le fieur de Vedel-Montel, Benavent & autres accufés, & fignifiée le 27 Juin 1775, à Japiot, Morife, & Dehaullon procureurs: autre arrêt de notredite cour rendu sur le vu defdites procédures extraordinaires, & fur les conclufions de notre procureur-général, le 28 juin 1775, qui a pareillement joint la demande à fin de liberté provifoire, de Guillaume-Bafile Canron, au fond du procès pour en jugeant y avoir tel égard que raifon : autre arrêt de notredite cour du même jour, pareillement rendu fur le vu defdites procédures extraordinaires, & fur la requête de François de Vedel-Montel, qui a ordonné que ledit de Vedel-Montel feroit élargi & mis en liberté des prifons de la conciergerie, à la charge par lui de fe repréfenter en état d'ajournement perfonnel, à toutes les affignations qui lui feront données en notredite cour, pour l'inftruction & jugement de fon procès, faifant à cet effet fes foumiffions au greffe & élifant domicile : autre arrêt de notre cour pareillement rendu fur le vu defdites procédures, charges, & fur la requête de Marie-Anne Bréard veuve Leroy, qui a ordonné qu'elle feroit mife en liberté des prifons de la conciergerie du palais, à la charge par elle de fe repréfenter en état d'ajournement perfonnel, à toutes les affignations qui lui feront données en notredite cour, pour l'inftruction & jugement de fon procès, faifant à cet effet fes foumiffions au greffe & élifant domicile; autre arrêt de notredite cour du même jour, pareillement rendu fur le vu defdites charges, informations, & fur la requête de Jean-Baptifte Benavent, qui a ordonné qu'il feroit mis en liberté des prifons de la conciergerie du palais, à la charge par lui de fe repréfenter en état d'ajournement perfonnel, à toutes les affignations qui lui feroient données à cet effet, pour l'inftruction & jugement de fon procès, faifant à cet effet fes foumiffions au greffe & élifant domicile; autre arrêt de notredite cour du même jour, pareillement rendu fur le vu defdites charges, informations, & fur la requête d'Antoine-François-Balthafard-Marie-Elifabeth de Villeneuve Flayofc, qui a ordonné qu'il feroit mis en liberté des prifons de la conciergerie du palais, à la charge par lui de fe repréfenter en état d'affigné pour être ouï à toutes les affignagnations qui lui seront données en notredite cour, pour l'instruction du jugement de son procès, faisant à cet effet ses soumissions au greffe & élisant domicile; lesdits de Vedel-Montel, veuve Leroy, & abbé de Villeneuve Flayosc mis en liberté par procès-verbaux du même jour trente dudit mois de juin, faits par Griveau huissier de notredite cour, après avoir par lesdits accusés préalablement fait élection de domicile; l'arrêt de notredite cour, toutes les chambres assemblées, suffisamment garnies de pairs, rendu le 7 juillet 1775, sur le vu desdites procédures extraordinaires, & sur les conclusions de notre procureur-général, qui a joint les plaintes en subornation de la dame de Saint-Vincent au fond du procès, pour en jugeant y avoir tel égard que de raison: autre arrêt de notredite cour, du même jour 7 juillet 1775, rendu toutes les chambres assemblées, suffisamment garnies de Pairs, & sur les conclusions de notre procureur-général, par lequel il a été ordonné que lesd. procédures extraordinaires encommencées au châtelet de Paris à la requête du maréchal duc de Richelieu, contre Julie de Villeneuve de Vence, épouse de Jules de Saint-Vincent, François de Vedel-Montel & autres accusés, & sur lesquels, par arrêt du 17 mars dernier, il a été ordonné que les parties procéderoient en notredite cour, seroient continuées, & le procès fait & parfait en notredite cour, à la requête du maréchal duc de Richelieu, à ladite dame de Saint-Vincent, audit de Vedel-Montel & autres accusés jusqu'à arrêt définitif; en conséquence il a été ordonné que les procédures déclarées nulles par l'arrêt du 9 mai dernier, seroient recommencées, & qu'à la requête du maréchal duc de Richelieu & pardevant Maîtres Boula & Pintrel, conseillers, que notredite cour a commis à cet effet, les témoins & experts qui ont été récolés & confrontés au châtelet de Paris depuis & compris le 16 février dernier, ensemble tous les témoins & experts qui n'auroient pas été récolés en leurs dépositions, ni confrontés aux accusés dans le cours des procédures extraordinaires instruites audit châtelet, seroient récolés en leurs dépositions; & si besoin étoit, confrontés aux accusés; comme aussi que les accusés, dont les récolemens & confrontations ont été déclarés nuls par ledit arrêt du 9 mai, ainsi que ceux qui n'auroient pas été récolés sur leurs interrogatoires, ni confrontés les uns aux autres audit châtelet, seroient pareillement récolés sur leursdits interrogatoires, & si besoin étoit confrontés les uns aux autres, pour ce fait le tout communiqué à notre procureur-général, être par lui requis, & par le maréchal duc de Richelieu pris telles conclusions qu'il appartiendroit, & vu par notredite cour, ordonné ce que de raison ; vu aussi les procédures extraordinaires faites en notredite cour en exécution dudit arrêt, pardevant maîtres Boula & Pintrel, conseillers, commis par ledit arrêt à la requête du maréchal duc de Richelieu, contre ladite dame de Saint-Vincent & autres accusés ci-devant nommés ; savoir, le récolement des temoins en leurs dépositions des 17, 21, 27 juillet, premier, 4, 21 août, 18 septembre & six octobre 1775 ; la confrontation des témoins à la dame de Saint-Vincent accusée, des 15, 17, 29, 31 juillet, 21 août, 6 septembre & 9 décembre 1775 : autre confrontation des témoins à François de Vedel-Montel, aussi accusé, desdits 8 & 21 juillet 1775 : autre confrontation des témoins à Guillaume-Basile Canron, aussi accusé, des 20, 27, 28 & 31 dudit mois de juillet : autre confrontation des témoins à Marie-Anne Breard, veuve Leroy, aussi accusée du 20 dudit mois de juillet : autre confrontation desdits témoins à François-Antoine Rubit, accusé des 27 juillet & premier août 1775 ; autre confrontation des témoins à Claude-Guillaume Boucher de Preville, aussi accusé du 29 juillet 1775 : autre confrontation des témoins à l'abbé de Villeneuve-Flayosc, aussi accusé du 31 dudit mois de Juillet : autre confrontation des témoins à Antoine-Joseph-Georges Sube, aussi accusé du premier août 1775 : autre confrontation des témoins à l'abbé de Villeneuve-Trans, aussi accusé, du même jour premier août 1775 : autre confrontation des témoins à Jean-Baptiste Benavent, aussi accusé, des 2 & 29 du même mois d'août : le procès-verbal de capture & emprisonnement de la personne d'Etienne Dubois, accusé, ci-devant contumax ès prisons de la conciergerie du palais, en vertu du décret de prise de corps contre lui décerné par le lieutenant-criminel du châtelet de Paris du 14 août 1774, à la requête du maréchal duc de Richelieu ; ledit procès-verbal fait par Sergent, huissier de notredite cour, par exploit du 3 août 1775 : l'interrogatoire subi par ledit Etienne Dubois accusé, pardevant Maîtres Rolland & Titon, conseillers-rapporteurs, le 4 dudit mois d'août : la requête desdits Etienne Dubois du 11 août 1775, tendante à ce qu'attendu qu'il avoit subi l'interrogatoire & qu'il avoit pleinement justifié son innocence, il fût ordonné qu'il seroit élagi & mis hors des prisons de la conciergerie du palais, à le laisser sortir tous geoliers contraints même par corps ; quoi faisant, déchargés ; & ce nonobstant tous écrous & recommandations faits ou à faire, aux offres, que faisoit ledit Dubois de se représenter en en état d'assigné pour être ouï, à toutes les assignations qui lui seroient données à notredite cour pour l'instruction & jugement de son procès ; au bas de laquelle requête est l'ordonnance de notred. cour, portant soit signifiée à partie, & la signification desdites requête & ordonnance à Desprez, procureur du maréchal duc de Richelieu ; la requête du maréchal duc de Richelieu du 17 dudit mois d'août, tendante à ce qu'attendu qu'il n'avoit jamais rendu plainte contre Etienne Dubois, se disant commerçant par commission, & détenu ès prisons de la conciergerie du palais, & qu'il ne l'a même connu dans aucun tems, il lui fût donné acte de ce qu'il consentoit que ledit Dubois fût élargi & mis hors desd. prisons, & qu'à le laisser sortir tous geoliers seroient contraints, même par corps, quoi faisant, déchargés, & nonobstant tous écrous & recommandations faites ou à faire, à la charge néanmoins par ledit Dubois de se représenter en tel état qu'il plairoit à notredite cour d'ordonner, à toutes assignations qui lui seroient données en notredite cour pour l'instruction & le jugement du procès : au bas de laquelle requête est l'ordonnance de notredite cour, portant soit signifiée à partie, & la signification desdites requête & ordonnance à Compain, procureur : l'arrêt de notred. cour, toutes les chambres assemblées, suffisamment garnie de pairs, intervenu sur lesdites requêtes & sur les conclusions de notre Procureur-général le 23 août 1775, par lequel il a été dit par provision que led. Etienne Dubois seroit élargi & mis hors des prisons de la conciergerie du palais, à le laiſſer ſortir les greffiers & geoliers desdites priſons contraints, même par corps, quoi faiſant, déchargés; à la charge par lui de se repréſenter en état d'aſſigné pour être ouï à toutes aſſignations qui lui ſeroient données en notredite cour pour l'inſtruction & jugement de ſon procès, faiſant à cet effet ſes ſoumiſſions au greffe & éliſant domicile; la ſoumiſſion faite en conſéquence par ledit Dubois le même jour 23 août 1775 ſur le regiſtre des priſons de la conciergerie, & ſon élection de domicile en la maiſon de Me Compain ſon procureur, ſiſe rue du fauxbourg Saint-Honoré, paroiſſe Saint-Euſtache: le récolement dudit Etienne Dubois ſur ſon interrogatoire fait pardevant maîtres Boula & Pintrel, conſeillers, commis par l'arrêt du 7 juillet précédent; ledit récolement en date du 7 ſeptembre 1775; la confrontation des témoins audit Etienne Dubois, accuſé, des 7 & 14 ſeptembre 1775; la confrontation de Charles Paillaſſon, & Potiers jurés-experts écrivains à François de Vedel-Montel accuſé, des 21, 22, 26 & 28 juillet 1775: autre confrontation desdits experts à la dame de Saint-Vincent, auſſi accuſée, des 3, 4 & 21 août 1775: autre confrontation desdits experts à Guillaume-Baſile Canron, auſſi accuſé, des 21 & 25 dudit mois d'août: autre confrontation desdits experts à l'Abbé de Villeneuve Flayoſc, auſſi accuſé, des 21 & 28 du même mois d'août: autre confrontation desdits experts à l'abbé de Villeneuve-Trans, auſſi accuſé, des 22 & 26 du même mois d'août: autre confrontation desdits experts à Jean-Baptiſte Benavent, auſſi accuſé, des 23 & 26 du même mois d'août: autre confrontation deſd. experts à Antoine-Joſeph-Georges Sube des 24 & 25 du même mois d'août: autre confrontation deſd. experts à François-Antoine Rubit, auſſi accuſé, des 29 août & 2 ſeptembre 1775: autre confrontation desdits experts à l'abbé Froment, auſſi accuſé, des 30 août & premier ſeptembre 1775: autre confrontation desdits experts à Marie-Anne Breard, veuve Leroy, des mêmes jours 30 août & premier ſeptembre 1775: autre confrontation desdits experts à Claude-Guillaume-Boucher de Preville, auſſi accuſé, du 4 dudit mois de ſeptembre: la confrontation des accuſé, à la dame de Saint-Vincent, auſſi accusée, des 24, 28 août & deux septembre 1775 : autre confrontation des accusés François-Antoine Rubit, aussi accusé, des 26 août, 4 & 5 septembre 1775 : autre confrontation des accusés à Jean-Baptiste Benavent, aussi accusé, des 26 & 28 août 1775 : autre confrontation des accusés à l'abbé de Villeneuve-Flayosc, aussi accusé, du 28 dudit mois d'août : autre confrontation des accusés à François de Vedel-Montel, aussi accusé, des 29 & 30 du même mois d'août : autre confrontation des accusés à l'abbé Froment, aussi accusé, du même jour 30 dudit mois d'août : autre confrontation des accusés à Marie-Anne Breard, veuve Leroy, aussi accusée, du 7 septembre 1775 : autre confrontation des accusés à Etienne Dubois, aussi accusé, du même jour 7 septembre 1775. Vu aussi les différentes requêtes & demandes des parties & arrêts intervenus audit procès, savoir, la requête de la dame de Saint-Vincent, tendante à ce qu'il fût ordonné que l'arrêté rendu le 6 juillet dernier, par lequel il a été décidé & arrêté que le rapport de Guillaume & Liverloz, premiers experts choisis par le maréchal duc de Richelieu, comme dévoués à sa famille, seroit rétabli parmi les pieces & procédures apportées au Greffe de notredite cour, seroit exécuté selon sa forme & teneur, & attendu que Marion, qui, en ses qualités de greffier du châtelet & d'intendant de M. le maréchal duc de Richelieu, avoit eu le secret de faire disparoître ce rapport ; que lorsqu'il lui a été demandé, il a soutenu qu'il n'existoit pas, ensuite qu'il étoit dans le secret du ministre (allégation vaine, sans preuve ni vraisemblance, ne s'agissant pas d'une affaire d'état, que le commissaire Chenon a supposé au contraire que le rapport avoit été remis au lieutenant de police, & lorsqu'on lui a observé qu'il ne s'accordoit pas avec ce que Marion a ajouté, ou au ministere) : il fût ordonné que lesdits Chenon & Marion, qui ont fait faire ledit rapport & en ont été dépositaires, seroient solidairement tenus de le restituer au premier commandement qui leur en seroit fait, & de le remettre entre les mains de l'huissier qui seroit chargé de l'exécution de l'arrêt qui interviendroit sur ladite requête ; à quoi faire ils seroient contraints par corps à leur premier refus,

sous

ſous quelque prétexte qu'ils puiſſent le fonder & nonobſtant toutes oppoſitions faites ou à faire, & attendu que ladite dame de Saint-Vincent avoit tout lieu de ſuſpecter d'autres infidélités dans les groſſes de la procédure qui ont été expédiées ſous les yeux dudit Marion, par ſes ordres & par des écrivains qu'il a employés; il fût ordonné que toutes les minutes & autres pieces du procès étant au greffe criminel du châtelet ſoient apportées en celui de notredite cour dans l'heure de la ſignification de l'arrêt, ainſi que ladite de Saint-Vincent y avoit précédemment conclu, & qu'il étoit de regle & d'uſage dans toutes les évocations : au bas de laquelle requête eſt l'ordonnance de notredite cour du 29 juillet 1775, par laquelle il a été réſervé à y faire droit en jugeant, & la ſignification deſdites requête & ordonnance du 31 dudit mois de juillet à Deſprez, procureur : requête du maréchal duc de Richelieu du 21 août 1775, tendante à ce que ladite dame de Saint-Vincent fût déclarée non-recevable dans ſa demande du 31 juillet précédent, ou en tout cas qu'elle en fût déboutée & condamnée aux dépens; au bas de laquelle requête eſt l'ordonnance de notredite cour, portant ſoit ſignifiée, & au ſurplus a réſervé à y faire droit en jugeant, & la ſignification deſdites requête & ordonnance à le Senechal, procureur; l'arrêt de notredite cour, toutes les chambres aſſemblées, ſuffiſamment garnies de pairs, du 29 août 1775, rendu ſur les concluſions de notre procureur-général, par lequel, ſans avoir égard à la requête du maréchal duc de Richelieu, ayant aucunement égard à celle de Julie de Villeneuve de Vence de Saint-Vincent, & faiſant droit ſur les concluſions de notre procureur-général, il a été ordonné que dans le jour de la ſignification dudit arrêt, toutes les minutes du procès encommencé au châtelet de Paris à la requête du maréchal duc de Richelieu contre ladite dame de Saint-Vincent & autres accuſés, & généralement toutes les pieces & procédures y jointes ſeroient apportées au greffe criminel de notredite cour, à ce faire, tous greffiers & dépoſitaires deſdites minutes & pieces contraints par corps; il leur a été enjoint d'obéir au premier commandement, à peine de ſoixante livres contre chacun & d'interdiction : le ſurplus de la requête de ladite de Saint-Vincent a été joint au fond du procès, pour en jugeant y avoir tel égard que de raison ; la signification faite dudit arrêt à maître Paty, greffier criminel du châtelet, par exploit du 30 dudit mois d'août, fait par Sergent, huissier de notredite cour, avec commandement audit Paty d'y satisfaire ; vu aussi les minutes desdites procédures extraordinaires apportées & déposées au greffe criminel de notredite cour le même jour 30 dudit mois d'août ; le mémoire imprimé intitulé mémoire à consulter pour les parens de la dame de Saint-Vincent, au bas duquel est la consultation signée par Duplessis, ancien avocat, du 28 Juin 1775 ; la requête du maréchal de Richelieu, contenant demande à ce qu'il fût donné acte de la plainte qu'il rendoit en notredite cour du libelle imprimé & répandu dans le public, ayant pour titre, mémoire à consulter pour les parens de madame de Saint-Vincent, souscrit des noms des sieurs Vicomte de Castellane, marquis de Simianne & comte de Simianne ; ensuite duquel est une consultation en date du 28 juin 1775, signée Piet Duplessis, que ledit maréchal duc de Richelieu a jointe à ladite requête ; ce faisant, il fût ordonné que ledit mémoire seroit & demeureroit supprimé comme injurieux, sauf à notre procureur-général à prendre telles conclusions qu'il aviseroit bon être pour la vindicte publique, & celle d'un pair de France, membre de notredite cour ; comme aussi il fût ordonné que l'arrêt à intervenir seroit imprimé & affiché, sous la réserve expresse que faisoit le maréchal duc de Richelieu d'exercer tous ses droits & actions, contre qui & ainsi qu'il appartiendroit ; l'arrêt de notredite cour, intervenu sur ladite requête & sur les conclusions de notre procureur-général le 2 août 1775, par lequel il a été sursis à statuer sur la plainte & sur les autres demandes portées en la requête du maréchal duc de Richelieu, jusqu'après le jugement du procès ; les trois dénonciations faites à notre procureur-général à la requête de messire François-Louis Hector, marquis de Simianne, & de messire Gaspard-Boniface-Constantin, vicomte de Castellanne ès noms & comme fondé des pouvoirs des parens de madame de Saint-Vincent, par exploit du même jour 2 août 1775, fait par Sergent, huissier de notredite cour : l'arrêt de notredite cour, toutes les chambres assemblées, suffisamment garnie de pairs, du 23 dudit mois d'août, par lequel il a été ordonné que les pieces énoncées aux dénonciations, seroient & demeureroient déposées au greffe criminel de notredite cour; l'acte de dépôt desdites pieces au greffe criminel de notredite cour du même jour 23 août 1775 : la requête de la dame de Saint-Vincent, tendante à ce qu'en voyant le procès intenté par le maréchal duc de Richelieu contre ladite dame de Saint-Vincent & avant de statuer au fond, faisant droit sur les exceptions péremptoires qu'elle a établies par les loix, l'avis des auteurs, six arrêts célebres, suivis par la sentence du châtelet du 31 mars mil sept cent soixante-quinze, confirmé par un septieme Arrêt de la Tournelle du quatre Juillet suivant, rendu au profit de Pierre de Chiniac, contre le sieur Pernet de Blermont, il fût donné acte à ladite dame de Saint-Vincent, de la déclaration portée par les premieres observations manuscrites du maréchal, « que tout le mérite de son accusation se trouvant dans » les dépositions des témoins, la religion des juges peut être » alarmée de n'en pas discuter la véracité, avant de perfec- » tionner une instruction qui, par l'événement, pourroit porter » à faux » : en conséquence, il fût permis à ladite dame de Saint-Vincent de faire informer de tous les faits de subornation, qu'elle a articulés par les précédentes plaintes, d'obtenir & de faire publier monitoire par-tout où besoin seroit; en y ajoutant, il lui fût donné acte, premiérement, des aveux & déclarations faites par Clermont, sécretaire actuel de Monsieur le maréchal, lors de sa derniere confrontation avec la dame de Saint-Vincent, du dix-sept Juillet dernier, qu'il a été rendre visite & conférer avec Doumain, l'un des témoins subornés; qu'il lui a écrit une lettre, *qu'il a ensuite été reprendre, afin que monsieur le marechal ne fût pas compromis*; qu'il lui a donné *dix louis par charité*, dont *néanmoins il a exigé un reçu*, comme si on tiroit quittance d'une aumône, & précisément lorsqu'il s'agissoit de le faire déposer : secondement, qu'au mois de Mai dernier, un homme habillé de noir, qui n'a d'autre métier que d'être l'espion de monsieur le maréchal, s'est transporté chez un ecclésiastique, originaire de Provence, demeurant à Paris, auquel il tint ce langage : « Vous me connoissez madame de Saint-Vincent & son procès avec monsieur le maréchal duc de Richelieu : si vous voulez déposer « dans cette affaire, j'aurai l'honneur de vous présenter à monsieur le maréchal, de la reconnoissance & de la protection » duquel vous pouvez être assuré ». Que cet ecclésiastique répondit à cet émissaire : « Je ne connois ni ne veux connoître » monsieur de Richelieu; je n'ai nullement besoin de sa protection ; & vous me prenez pour une ame aussi mercenaire que » la vôtre, lorsque vous vous chargez de la proposition que vous » osez me faire faire. Gardez-vous bien de revenir chez moi. Troisiémement, que le même suborneur est allé deux fois dans une autre maison, pour y séduire un domestique, auquel il donna six livres, & qu'il fit son possible pour l'engager à lui ouvrir l'appartement de son maître qui s'intéresse à la dame de Saint-Vincent, pour y faire des recherches : desquels nouveaux faits, la dame de Saint-Vincent rend plainte par addition : il lui fût permis d'en informer, tant par titres que par témoins, pour, les informations faites & rapportées en notredite cour, être par elle statué ce qu'il appartiendra ; & où notredite cour, par des considérations particulieres, se détermineroit à faire grace de la preuve en subornation, qui est une voie de droit ; en ce cas, il fût donné acte à ladite dame de Saint-Vincent de la déclaration faite par le maréchal, page quatre-vingt-onze de son premier mémoire « qu'il ne trouve » point la conviction des prétendus faux dans les interrogatoi» res des accusés (sous prétexte qu'ils ont été adroits & intré« pides), ni dans leurs écrits émanés d'eux, que la pru» dence administre rarement, ni dans une preuve testimoniale » moralement impossible en matiere de faux, sur les écritures » privées » : page cinq de ses observations imprimées ; que ces témoins subornés sont les seuls qui puissent servir à quelque chose dans l'affaire ; mais qu'ils ne lui sont pas nécessaires ; que l'inspection manifeste le contretirement à la vitre, page sept, que la réclamation d'un examen préalable de la subornation des témoins est sans objet ; qu'en supposant leurs dépositions au néant, la preuve du faux demeure en son entier par la seule inspection des pieces : pages treize & quatorze, que la totalité du corps de délit dénoncé par monsieur le maréchal est prouvé par le calcage évident des signatures & écritures arguées de faux, indépendamment de la vérification des experts, & des dépositions d'aucuns témoins ; ce qui est formellement renoncer à toutes preuves testimoniales de faux, s'il en pouvoit résulter des discours absurdes des experts & des témoins subornés: en conséquence, il fût ordonné que les dépositions de Paillasson & Potier, copiées sur celles de Guillaume & de Liverloz, qui ont été soustraites du procès où elles furent jointes par la sentence du vingt-neuf Août mil sept cent soixante-quatorze, comme faisant partie des procédures vexatoires de Me Chenon, ensemble les dépositions, récolemens & confrontations de Maître Dumoulin, notaire, de Doumain, exsécretaire de monsieur le maréchal, du prétendu Baron de la Roquetaillade, du sieur Combette, son beau-frere ; de la demoiselle Auvray, du sieur Nerbonneau & de la prieure du couvent de Sainte Catherine de Poitiers ; des femmes de la Martiniere, Godiniere, Métayer, veuve Puillay, seroient rejettées du procès, sinon comme fausses & suggérées, du moins, selon M. le maréchal, comme étant inutiles, & ne formant aucune conviction ; & faute par M. le maréchal d'avoir comparu au greffe du châtelet pour reconnoître ses écritures & signatures aux lettres & fragmens de lettres, lesdits fragmens de lettres au nombre de trente-sept, déposés les deux & trente Septembre mil sept cent soixante quatorze, sans approuver, l'intitulé page cent soixante-deux de son premier mémoire, *lettre véritablement écrite par M. de Richelieu* qui a été lardée la vingtieme du dépôt, pendant que Marion les tenoit à sa disposition, & sept autres lettres ou fragmens qui se sont trouvés sous les scellés apposés par Me Chenon, suivant qu'il est constaté par les exploits d'assignation, donnés à M. le maréchal, & les défauts pris contre lui, seroient tenus pour reconnus, conformément à l'article sept du titre douze de l'ordonnance de 1667, & à l'article six de l'édit de 1684 ; en conséquence seroient admises & reçues pour pieces de comparaison, & où notredite cour jugeroit que, nonobstant les défauts pris au greffe du châtelet, M. le maréchal doit être réassigné en notredite cour, pour reconnoître ou dénier en personne ses écritures & signatures apposées à celles des lettres & fragmens non argués de faux, au nombre de vingt-deux ou vingt-trois, il fut permis à ladite dame de Saint-Vincent de le faire assigner, à jour & heure précis, au greffe ou en l'hôtel de tel conseiller qu'il plairoit à notredite cour commettre, pour reconnoître cathégoriquement, & sans détour, & lesdites lettres & fragmens de lettres, dont il a eu ci-devant communication; ensemble les deux autres lettres, l'une du 3 Mars 1762, dictée à un secretaire, & signée du maréchal; l'autre entiérement écrite & signée de sa main, sans autre date que cette observation [illegible] lesquelles il seroit pareillement obligé d'avouer ou dénier, sinon toutes lesdites pieces seroient tenues pour reconnues & admises pour pieces de comparaison; il fût ordonné en outre qu'en avouant ou déniant lesdites pieces de comparaison, le maréchal seroit tenu de rapporter & déposer entre les mains du conseiller qu'il plaroit à notredite cour commettre, toutes les lettres que la dame de Saint-Vincent lui a écrites de Milhaud, de Tarbes, de Poitiers & de Paris, & d'affirmer, devant ledit commissaire, qu'il n'en retenoit, & n'en a détourné aucunes directement ou indirectement, à dessein d'éluder la représentation qu'il en doit faire, & la preuve des remerciemens que ladite de Saint-Vincent lui faisoit, à mesure qu'il lui envoyoit des mandats ou billets: il fût ordonné pareillement que la femme de chambre que ladite de Saint-Vincent avoit au couvent de la Miséricorde, au mois de Novembre 1773, lorsque le laquais Saint-Jean qu'elle connoît parfaitement, apporta le paquet contenant les billets que M. de Vedel avoit remis la veille en sa présence, à l'hôtel de Richelieu, où elle fut avec lui dans le même carrosse, seroit entendue en déposition, récolée & confrontée au laquais Saint-Jean en particulier, & autres qui seroient jugés nécessaires: & pour justifier en partie de ce que dessus, il fut permis à ladite de Saint-Vincent de joindre à ladite requête les pieces y énoncées aux inductions qui en ont été tirées: au surplus, que les conclusions prises par ladite dame de Saint-Vincent, par les premieres plaintes, lui fussent adjugées: au bas de laquelle requête est l'ordonnance de notredite cour du 16 Août 1775, portant, soit communiquée à partie civile; & la signification desdites requête & ordonnance à Desprez, procureur, du 13 dudit mois d'Août. La requête du maréchal duc de Richelieu, du 21 du même mois d'Août, contenant demande à ce qu'il lui fût donné acte de ce que, pour fins de non-recevoir, & subsidiairement pour défenses contre la requête à lui signifiée de la part de ladite dame de Saint-Vincent, le 18 dudit mois d'Août, il employoit le contenu en sa requête; ce faisant, ladite dame de Saint-Vincent fût déclarée purement & simplement non-recevable en ses demandes, ou, en tous cas, elle en fût déboutée & condamnée aux dépens: au bas de laquelle requête est l'ordonnance de notredite cour, portant, soit signifiée, & au surplus a réservé à y être fait droit en jugeant; & la signification desdites requête & ordonnance à le Sénéchal, procureur. L'arrêt de notredite cour, du 29 dudit mois, intervenu sur lesdites requêtes & sur les conclusions de notre procureur général qui a joint lesdites requêtes au fond du procès, pour, en jugeant, y avoir tel égard que de raison. La requête de Jean-Baptiste Benavent, du dix-neuf Août mil sept cent soixante-quinze, tendante à ce qu'en procédant au jugement du procès intenté par le maréchal duc de Richelieu, toutes les accusations formées contre ledit Benavent, fussent déclarées fausses, nulles, iniques & calomnieuses: ledit Benavent en fût déchargé, il fût ordonné que sa liberté provisoire demeureroit définitive, & en lui adjugeant les conclusions qu'il a ci-devant prises; sa chartre privée en la conciergerie depuis la signification faite le 30 juin, de l'arrêt du 28, qui a ordonné son élargissement jusqu'au 5 juillet, & qui a continué au fort-l'évêque jusqu'au 4 août, son enlevement irrégulier des prisons de notredite cour qui doivent être inviolables; son troisième emprisonnement au fort-l'évêque contre le droit des lieux, sa détention pendant douze jours & treize nuits dans un cachot, où il étoit dévoré par les rats, sans qu'on l'ait interrogé dans les vingt-quatre heures de l'ordonnance; & pendant treize autres jours par les obstacles que le maréchal duc de Richelieu apportoit à l'exécution de l'arrêt de notredi cour des pairs, & à nos ordres réitérés, fussent déclarées vexatoires, tortionnaires, inhumaines, attentatoires à la liberté des citoyens & à la sûreté publique ; il fût enjoint au maréchal duc de Richelieu de respecter notre autorité, des princes, des pairs, de notredite cour, il lui fût fait défenses sous les plus grieves peines d'user de pareilles voies, de surprendre par abus de son crédit la religion d'aucuns des ministres, & de tyranniser nos sujets ; & pour s'être rendu coupable de ces excès envers ledit Benavent, il fût condamné à lui faire telle réparation d'honneur que notredite cour jugeroit à propos de régler, & en cent mille livres de dommages-intérêts & réparation civile, & pour rétablir le crédit dudit Benavent, il lui fût permis de faire imprimer, publier & afficher l'arrêt qui interviendroit jusqu'à concurrence de trois mille exemplaires, & que le maréchal fût condamné en tous les dépens : au bas de laquelle requête est l'ordonnance de notredite cour du 19 août 1775, portant soit communiquée à partie civile, & la signification desdites requête & ordonnance, à Desprez procureur, du même jour : l'arrêt de notredite cour du 29 août 1775, intervenu sur ladite requête & sur les conclusions de notre procureur-général, par lequel la requête dudit de Benavent a été jointe au fond du procès, pour en jugeant y avoir tel égard que de raison, sauf à notre procureur-général à prendre en définitif sur ladite requête, telles conclusions qu'il aviseroit bon être ; & par notredite cour ordonné ce que de raison ; la requête du maréchal duc de Richelieu, tendante à ce qu'il lui fût donné acte de la dénonciation qu'il faisoit à notre procureur-général du libelle qualifié de requête par Jean-Baptiste Benavent, signifié le 19 août 1775, pour prendre par lui telles conclusions qu'il aviseroit bon être ; l'arrêt de notredite cour du 29 dudit mois d'août, intervenu sur ladite requête & sur les conclusions de notre procureur-général, par lequel il a été donné acte au maréchal duc de Richelieu de la dénonciation portée en ladite requête, laquelle demeureroit jointe au procès, pour en jugeant y avoir tel égard que de raison. La requête de Guillaume-Bazile Canron, tendante à ce qu'en jugeant le procès d'entre le le maréchal duc de Richelieu & la dame de Saint-Vincent, il fût ordonné que par provision ledit Canron seroit élargi & mis en liberté hors des prisons de la conciergerie où il étoit détenu ; à ce faire tous greffiers, guichetiers contraints, quoi faisant déchargés, aux offres qu'il faisoit de se présenter en tel décret qu'il plairoit à notredite cour, même en donnant caution ; au bas de laquelle est l'ordonnance de notredite cour, portant soit communiquée à partie civile, & au surplus il a été réservé à y faire droit en jugeant, & la signification desdites requête & ordonnance à Desprez, procureur, du 21 août 1775 ; l'arrêt de notredite cour du 29 dudit mois d'août, intervenu sur ladite requête & sur les conclusions de notre procureur-général, qui a joint la requête dudit Canron au fond du procès, pour en jugeant y être fait droit, ainsi qu'il appartiendroit ; l'ordonnance donnée par Mes Boula & Pintrel, conseillers, le 13 Juillet 1775, en exécution de l'arrêt du 7 du même mois, à l'effet d'assigner les sieurs Commeras, la dame Despradels, témoins, pour être récolés en notredite cour sur leurs dépositions, & si besoin étoit, confrontés à la dame de Saint-Vincent & autres accusés : le pareatis du grand sceau obtenu par le maréchal duc de Richelieu sur ladite ordonnance le 19 dudit mois de juillet, l'original de l'assignation donnée en conséquence auxdits Bonhomme-Commeras & à la dame Despradels, par exploit dudit mois de Juillet, contenant leur réponse : la requête du maréchal duc de Richelieu, tendante à ce qu'il lui fût permis de joindre au procès d'entre lui, ladite de Saint-Vincent & autres accusés, les pieces ci-dessus énoncées ; ce faisant, vu les réponses portées au bas de l'assignation du 31 juillet dernier, & attendu l'éloignement de Milhaud, & l'impossibilité de faire venir les témoins de ladite ville à Paris, notre juge de Milhaud qui a fait ladite information, fût commis à l'effet de procéder au récolement de Pierre Bonhomme-Commeras, Marchand, & de Jeanne Bonbois, épouse du sieur Aleret Despradels, tous deux habitans de ladite ville de Milhaud, pour ledit récolement renvoyé au greffe de notredite cour, & sur le vu d'icelui, ensemble sur le vu de la déposition desdits deux témoins, être leurs confrontations avec ladite dame de Saint-Vincent ordonnées par notredite cour s'il y a lieu & en outre ce qu'il appartiendroit; l'arrêt de notredite cour du 28 août 1775, intervenu sur ladite requête & sur les conclusions de notre procureur-général, par lequel sans avoir égard à la requête & demande du maréchal duc de Richelieu, il a été ordonné que Pierre Bonhomme-Commeras & Jeanne de Malbois, épouse d'Aleret Despradels, témoins assignés par exploit du 31 juillet dernier, en vertu de l'ordonnance de Mes Boula & Pintrel, conseillers-commissaires, nommés par l'arrêt du 7 dudit mois de Juillet, & du pareatis du grand sceau obtenu sur icelles, en date des 13 & 19 dudit mois de Juillet, seroient réassignés de nouveau à la requête du maréchal duc de Richelieu, à comparoir dans les délais de l'ordonnance, sinon qu'ils seroient condamnés en l'amende & même contraints par corps suivant l'ordonnance: la requête du maréchal duc de Richelieu, tendante à ce qu'il fût ordonné que l'arrêt de notredite cour du 7 juillet 1775, seroit exécuté selon sa forme & teneur; & attendu que l'intérêt des parties exigeoit que le procès dont il s'agit pût être en état d'être jugé à la rentrée de notredite cour, & où l'instruction dont la continuation a été ordonnée par ledit arrêt, ne pourroit être mise à fin d'hui au 7 Septembre prochain, il fût ordonné que MM. les conseillers & rapporteurs nommés pour l'instruction dudit procès, seroient & demeureroient autorisés à la continuer même au tems des vacations, comme aussi que MM. les rapporteurs seroient autorisés à faire subir, si besoin étoit, aux accusés de nouveaux interrogatoires, & faire sur iceux les récolemens & confrontations nécessaires pendant le tems de vacation; l'arrêt de notredite cour intervenu sur ladite requête & sur les conclusions de notre procureur-général, le 23 août 1775, par lequel il a été ordonné, que l'arrêt d'icelle du 7 juillet dernier, seroit exécuté selon sa forme & teneur: en conséquence que les instructions ordonnées être faites par icelui, seroient continuées & parachevées même en tems de vacation, comme aussi lesdits Mrs Rolland & Titon, conseillers-rapporteurs, ont été autorisés à faire subir aux accusés tels nouveaux interrogatoires qu'il appartiendroit ; lesdits Mes Boula & Pintrel ont été pareillement autorisés à recoler lesdits accusés sur lesdits nouveaux interrogatoires, & à les confronter si besoin étoit les uns aux autres, lesquelles nouvelles instructions seroient également faites même en tems de vacation, pour ce fait, le tout communiqué à notre procureur-général, être par lui requis, par le maréchal duc de Richelieu pris telles conclusions qu'il appartiendroit, & par notredite cour être ordonné ce que de raison : la requête du maréchal duc de Richelieu, tendante à ce qu'il lui fût donné acte de ce qu'il produisoit en icelle une lettre écrite par ladite dame de Saint-Viucent à Benavent, commençant par ces mots : « mon cher Benavent, me voilà » sortie de mes interrogatoires, & finissant par ceux-ci, « don- » nez la lettre à mon neveu, qui la remettra dans la sienne, » adieu » : ayant pour souscription ces mots, M. Benavent ; ce faisant, il fût ordonné que ladite lettre seroit déposée au greffe, & procès-verbal de l'état d'icelle dressé par les conseillers-commissaires, en présence de l'un des substituts de notre procureur-général, & que ladite dame de Saint-Vincent & autres, que notredite cour jugeroit nécessaire d'interroger, seroient ouïs & interrogés pardevant lesdits commissaires, & que ladite dame de Saint-Vincent seroit tenue de reconnoître ladite lettre pardevant les conseillers-rapporteurs ; en cas de désaveu de sa part, que la vérification en seroit faite par des écrivains jurés-experts, qui seroient à cet effet nommés par notredite cour, sur pieces de comparaison d'écritures, & être sur le tout requis par notre procureur-général, & ordonné par notredite cour ce qu'il appartiendroit ; & pour empêcher que les accusés dont le concert est établi par cette lettre, ne puissent, avant d'avoir subi leurs nouveaux interrogatoires par de nouvelles intelligences entr'eux, parvenir à obscurcir la vérité que cette lettre doit mettre dans le plus grand jour, & à la découverte de laquelle leurs manœuvres ont apporté tant d'obstacles, que les uns soient arrêtés & écroués de nouveau, & ladite dame de Saint-Vincent mise au secret, sous la réserve de tous les droits & actions dudit Maréchal duc de Richelieu : vu aussi ladite lettre déposée au greffe criminel de notredite cour, le douze Décembre mil sept cent soixante-quinze; l'arrêt de notredite cour dudit jour 12 décembre 1775, intervenu sur ladite requête & sur les conclusions de notre procureur-général, par lequel il a été donné acte audit maréchal duc de Richelieu, de ce qu'il produisoit en notredite cour la lettre jointe à ladite requête; ce faisant, il a été ordonné que ladite lettre sera déposée au greffe criminel de notredite cour, pour être dressé procès-verbal de l'état d'icelle par les conseillers-rapporteurs, en présence de l'un des substituts de notre procureur-général, laquelle piece seroit par eux paraphée *ne varietur*; comme aussi il a été ordonné qu'à la requête dudit maréchal duc de Richelieu, & pardevant lesdits conseillers-rapporteurs, icelle de Villeneuve de Vence, épouse de Jules Fauris de Saint-Vincent, seroit ouïe & interrogée, lors duquel interrogatoire ladite lettre lui seroit représentée, pour ledit procès-verbal fait, & ledit interrogatoire subi, le tout communiqué à notre procureur-général, être par lui pris telles conclusions qu'il appartiendra, & vu par notredite cour ordonné ce que de raison; l'interrogatoire subi par ladite dame de Saint-Vincent pardevant les conseillers-rapporteurs, le même jour 12 décembre; le procès-verbal dressé de l'état de ladite lettre par les conseillers-rapporteurs, en présence de Mathieu-Louis de Mauperché, substitut de notre procureur-général, le 13 du même mois de décembre: la requête de ladite dame de Saint-Vincent, du 30 décembre 1775, tendante à ce qu'il lui fût permis de joindre à icelle les pieces justificatives de reproches qu'elle a fournis contre aucuns des témoins que les gens d'affaires du duc de Richelieu ont séduit & fait entendre; lesdites pieces énoncées en ladite requête aux inductions qui en ont été tirées, ce faisant attendu que des confrontations faites, tant au châtelet que par MM. les commissaires de notredite cour, il résultoit évidemment que tous les témoins auxquels on a fait déposer quelque chose contre ladite dame de Saint-Vincent, ont été prévenus par les gens d'affaires du maréchal, comme en convient Me Dumoulin notaire, ou séduits & surbornés par argent, par promesse, par menaces, comme l'ont avoué Clermont & Doumain, que les dépositions de Paillasson & Potier, experts de la dame de Saint-Vincent, des sieurs Duman & Combette, de Castellenau dit Roquetaillade, sont démontrées fausses ; que ce dernier s'étoit totalement rétracté à ses confrontations ; que le sieur Antoine n'avoit déposé que par animosité, comme sa déposition l'exprime ; que la demoiselle Auvray restoit l'unique déposante des faits qu'elle avoit imaginés, & qu'elle avoit cru faire attester par trois autres témoins qui l'ont démentie ; que le sieur Nerbonneau s'étoit rétracté au châtelet des circonstances qu'il avoit imputées à la demoiselle Dusablé qu'on n'a osé faire paroître, & a soutenu en notredite cour, que celles avancées par la demoiselle Auvray étoient fausses ; que les femmes de la Martiniere, Godiniere & Metayer étoient indignes de la confiance de la justice ; que les dépositions uniformes manifestoient qu'elles leur ont été envoyées toutes rédigées ; que le faux en a été démontré, & en partie avoué aux confrontations ; que suivant l'ordonnance, on ne doit avoir aucun égard aux dépositions de tous les serviteurs & domestiques du maréchal de Richelieu ; que celle du sieur de Maziere étoit plus que suspecte, étant l'unique témoin de la fable calomnieuse, que l'on a fait les plus grands efforts pour réaliser, toutes ces dépositions fussent déclarées nulles, fausses, suggérées, injurieuses, tortionnaires & méchamment concertées ; il fût ordonné qu'elles seroient rejettées du procès & mises dans un sac à part, pour être par notre procureur-général pris contre tous les susdits témoins, telles conclusions qu'il croiroit de sa prudence & du devoir de son ministere : au bas de laquelle requête est l'ordonnance de notredite cour, qui a réservé à y faire droit en jugeant, & la signification desdites requête & ordonnance à Desprez procureur : autre requête de ladite dame de Saint-Vincent, du 5 janvier 1776, tendante à ce qu'en procédant au jugement du procès criminel intenté par le maréchal duc de Richelieu, contre ladite dame de Saint-Vincent & autres accusés, les appels par elle interjettés des différentes plaintes, inscriptions de faux, permission d'informer, informations, nominations d'experts, décrets, interrogatoires & de toute la procédure extraordinaire, & ce dont a été appellé fussent mis au néant, émendant, toutes lesdites plaintes, inscriptions, informations, décrets interrogatoires, poursuites & procédures fussent déclarés nuls, injurieux, tortionnaires, vexatoires & déraisonnables; le maréchal duc de Richelieu fût déclaré purement & simplement non-recevable dans toutes ses plaintes, dont quelques-unes sont par lui abandonnées, n'ayant point été suivies d'inscription au greffe, suivant l'ordonnance, d'information, ni de vérification d'experts; celle de la lettre écrite au sieur Benavent ne paroissant avoir été que paraphée par le lieutenant-criminel & par Marion, intendant du maréchal, faisant fonction de greffier; en conséquence ladite dame de Saint-Vincent fût déchargée définitivement des fausses & calomnieuses accusations intentées contr'elle, elles fussent déclarées nulles, tortionnaires, injurieuses, attentatoires à l'autorité de notredite cour, des loix & ordonnances de notre royaume, à la liberté des citoyens, à la sûreté des familles & à l'ordre public; il fût ordonné que ladite dame de Saint-Vincent seroit élargie & mise hors de prisons, son écrou biffé & rayé de tous les registres où il a été inscrit, à ce faire tous geoliers contraints; quoi faisant, déchargés; il fût fait défenses au maréchal duc de Richelieu, sous les peines que notredite cour jugeroit à propos de prononcer, de récidiver, de mépriser les regles de la justice, d'abuser de son crédit, de se donner la licence de faire faire des incursions nocturnes & militaires dans les monasteres, & les maisons de nos sujets, de faire fouiller dans leurs poches, secrétaires & armoires, de faire piller, soustraire & supprimer leurs papiers & leurs lettres, d'en intercepter d'autres, d'emprisonner les domiciliés, & de les tenir en chartre privée, sans forme, sans autorité ni décret; il fût pareillement fait défenses sous les mêmes peines, de faire décréter à ses risques périls & fortunes, sans preuves de prétendus délits, & lors qu'au contraire il y a preuve de la témérité de ses accusations; comme aussi de faire décréter ceux des témoins qui déposent, ou sont en état de déposer contre lui; de les vexer, poursuivre criminellement, de les menacer & persécuter, & de changer en témoins ceux des accusés, que ses gens d'affaires sont parvenus à corrompre par promesses &

par argent ; & pour l'avoir fait, & s'être rendu coupable des violences, des excès & des outrages dont la dame de Saint-Vincent étoit la victime, avoir prolongé sa captivité sous des prétextes frivoles & inexistants, il fût condamné & par corps en cinq cens mille livres de réparation civile ; il fût permis à ladite dame de Saint-Vincent de faire imprimer, publier, afficher & distribuer l'arrêt qui interviendroit dans toutes les villes du royaume, même en pays étranger, jusqu'à concurrence de douze cent exemplaires, sauf aux parens de ladite dame de Saint-Vincent à poursuivre la dénonciation qu'ils ont faite à notre procureur-général, & à ce magistrat integre à prendre pour la vindicte publique, l'honneur & la sûreté des familles, l'ordre public, les formes judiciaires & le maintien des ordonnances, telles conclusions que sa sagesse & son exactitude exigeroient ; & pour entreprises, violences & insultes, & l'abus du ministere tant du commissaire Chenon que du lieutenant-criminel, il fût permis à ladite dame de Saint-Vincent de les prendre à partie, pour répondre aux plaintes qu'elle se propose de rendre, & aux demandes qu'elle formera contr'eux, & que le maréchal fût condamné en tous les dépens du procès ; & où notredite cour ne croiroit pas sa religion suffisamment instruite sur la prévarication desdits experts, & la furbonation des témoins, & qu'elle croiroit nécessaire d'instruire les plaintes qui lui ont été rendues, en ce cas il fût ordonné que les témoins seroient entendus à la requête de ladite dame de Saint-Vincent, & les preuves par elle administrées, comme exceptions péremptoires & non comme faits justificatifs, conformément à la jurisprudence des arrêts ; auquel cas, & en tous ceux où notredite cour prononceroit quelqu'interlocutoire, attendu qu'il étoit de la décence & de la justice, que l'épouse de l'un de premiers & des plus vertueux magistrats du royaume ne périt pas dans des prisons, où sa santé s'altéroit, il fût ordonné que par provision, elle seroit élargie & mise hors de la conciergerie, que son décret de prise de corps soit converti en assigné pour être ouï ou en ajournement, aux offres qu'elle faisoit de se représenter à toutes assignations ; & si notredite cour ne croyoit pas encore devoir convertir le premier décret, quoiqu'il n'y ait pas la plus foible des preuves contr'elle, & qu'il y en avoit au contraire un grand nombre contre le maréchal, en ce dernier cas, en ordonnant son élargissement provisoire, à la charge de se remettre en état à toutes interpellations faites de l'autorité de notredite cour, il fût ordonné qu'elle seroit remise & transférée en telle maison réguliere ou particuliere que son mari & sa famille lui choisiroient en la ville de Paris, pour y résider pendant le reste de l'instruction du procès, sous la sauve-garde & protection de notredite cour: au bas de laquelle requête est l'ordonnance de notredite cour qui a réservé à y faire droit en jugeant, & la signification desdites requête & ordonnance à Desprez, procureur: la requête du maréchal duc de Richelieu, contenant demande à ce qu'il lui fût donné acte de ce que, pour moyens & subsidiairement pour défenses à toutes les demandes formées contre lui, il employoit le contenu en ladite requête; que tout ce qu'il avoit dit, écrit & produit dans ses divers mémoires & requêtes imprimés, signifiés & joints au procès, & attendu les preuves résultantes de la procédure extraordinaire faite sur les plaintes en faux principal, & autres rendues par ledit maréchal, soit devant les juges du châtelet, soit en notredite cour, contre la dame de Saint-Vincent & ses complices & adhérens; sans s'arrêter ni avoir égard aux différentes requêtes & demandes des parties accusées & décrétées, ni aux plaintes en subornation de témoins & en interception de lettres, non plus qu'à la dénonciation du prétendu rapt de séduction & de violence commis par ledit maréchal en la personne de ladite dame de Saint-Vincent, dans lesquels lesdits accusés seroient déclarés non-recevables & mal fondés; faisant droit sur les plaintes rendues par ledit maréchal les 27 juillet, 20 août, cinq & 18 septembre & 6 décembre 1774, & les 8 & 13 mai 1775, ensemble sur les diverses requêtes dudit maréchal, & les conclusions par lui prises au procès, icelles augmentant, expliquant & rectifiant, attendu les charges résultantes du procès: 1°. déclarer faux & faussement attribués audit maréchal les signatures, & les constatés ou bon pour apposés au bas des douze billets dont est question; savoir, le premier de soixante mille liv. en date du 13 Novembre 1773, négocié au sieur

ſieur Boucher de Préville ; le deuxieme du premier mars 1774, de trente mille liv. le troiſieme de vingt mille liv. du 15 janvier 1774 (ces deux derniers repréſentés par l'abbé de Villeneuve Flayoſc, lors de ſon interrogatoire du 18 août 1774) ; le quatrieme du 18 mai 1774, de vingt mille liv. le cinquieme du 4 Avril 1774, de trente-cinq mille liv. le ſixieme de vingt-cinq mille liv. du 15 Mars 1774 (ces trois derniers faiſant en total la ſomme de quatre-vingt mille liv. négociés audit Rubit) ; le ſeptieme du 13 novembre 1773, de ſoixante mille liv. le huitieme du 15 décembre 1773, de quarante mille liv. le neuvieme du premier janvier 1774, de trente-cinq mille liv. le dixieme du premier février 1774, de quarante-cinq mille liv. le onzieme du 15 février 1774, de vingt-cinq mille liv. (ces cinq derniers dépoſés au greffe du châtelet par Me Lafitte, procureur de la dame de Saint-Vincent); le douzieme & dernier du 15 décembre de 1773, de vingt-cinq mille liv. faiſant la ſeptieme piece de la deuxieme liaſſe des papiers trouvés dans les poches de Benavent lors de ſa capture ; leſdits douze billets ſignés le maréchal duc de Richelieu, & faiſant enſemble la ſomme de quatre cents vingt-cinq mille liv. 2°. déclarer pareillement fauſſes & fauſſement attribuées audit maréchal, l'écriture & ſignature des vingt-deux lettres dont eſt queſtion ; ſavoir les cinq, ſix, ſept, huit, neuf, onze, douze, treize, quatorze, dix-huit, vingt ſix, vingt-ſept, vingt-huit, vingt-neuf, trente, trente-une, trente-deux, trente-trois & trente-quatrieme pieces de celles dépoſées au greffe criminel du châtelet par Lafitte, procureur de ladite dame de Saint-Vincent, les 2 & 3 ſeptembre 1774 : la douzieme piece de la premiere liaſſe des papiers trouvés ſous les ſcellés apposés par le commiſſaire Chenon chez ladite dame de Saint-Vincent, le 25 juillet 1774, & dépoſée enſuite au greffe criminel du châtelet ; les deux lettres attribuées au maréchal, & leſquelles ont été annexées par l'abbé de Villeneuve Flayoſc à ſon interrogatoire : enfin la lettre prétendue ſignée par le maréchal, laquelle fait partie des papiers trouvés dans les poches de Benavent, lors de ſa capture ; faiſant toutes leſdites lettres enſemble vingt-deux pieces ; 3°. attendu les preuves acquiſes au procès de l'exiſtence, 1°. de deux prétendus mandats, chacun de cent mille écus, au bas desquels étoient des prétendues signatures du maréchal de Richelieu; 2°. d'une fausse acceptation du sieur Peixotto, apposée au bas desdits mandats, 3°. d'un prétendu billet au porteur, aussi de cent mille écus, au bas duquel étoit pareillement apposée une prétendue signature dudit maréchal; lesquels billets & mandats ont été déclarés par ladite dame de Saint-Vincent avoir été par elle supprimés, & attendu que ces faux font nécessairement partie des plaintes en faux principal, rendues par le maréchal de Richelieu, contre les billets & lettres par lui arguées de faux, circonstances & dépendances, comme ayant un rapport indivisible avec lesd. faux dont plusieurs ne sont même que la suite & la conséquence de ceux-ci : déclarer pareillement faux & faussement attribués audit maréchal lesdits deux mandats & ledit billet au porteur, ainsi que l'acceptation apposée au bas desdits mandats : 4°. déclarer pareillement faux & faussement attribuée audit maréchal la lettre reconnue par Benavent lui avoir été montrée par ladite dame de Saint-Vincent, dans laquelle ledit maréchal étoit supposé lui promettre de lui renvoyer de Bordeaux pour quatre-vingt mille liv. de nouveaux billets : laquelle lettre ladite dame de Saint-Vincent a déclaré ne lui avoir point été écrite par ledit maréchal : 5°. déclarer pareillement fausse & faussement attribuée audit maréchal la lettre supposée avoir été par lui écrite, laquelle a été montrée au sieur Mazieres par le procureur au châtelet, qui occupoit pour la dame de Saint-Vincent : 6°. ordonner qu'au lieu de la radiation, ou lacération, ou suppression des pieces déclarées fausses, indiquées par l'article cinquante-neuf de l'ordonnance de 1737, lesdits billets au porteur, & lettres qui auront été déclarés faux, continueront de demeurer déposés au greffe criminel de notredite cour, pour servir de pieces de comparaison & de conviction, dans le cas où il viendroit à être presenté des effets & lettres de pareille nature : 7°. ordonner que les minutes des actes signés du maréchal, qui ont été déposées au greffe criminel du châtelet par Mes Dumoulin & Arnould, notaires audit châtelet, pour servir de pieces de comparaison, lesquelles ont été depuis apportées au greffe criminel de notredite cour, seront rendues aux dits notaires; à quoi faire, les greffiers criminels de notredite cour feront contraints; quoi faisant, ils en feront & demeureront bien & valablement quittes & déchargés : 8°. en tant que touchoit ladite dame de Saint-Vincent, le sieur de Vedel-Montel, Benavent & Canron, ils fussent déclarés, atteints & convaincus; savoir ladite dame de Saint-Vincent d'être par elle, ou par personnes à elle affidées, l'auteur de tous les faux énoncés dans les plaintes du maréchal de Richelieu ; le sieur de Vedel complice desdits faux, comme y ayant coopéré, en ayant été sciemment l'objet principal, ayant concouru aux négociations clandestines, précipitées & frauduleuses qui ont été faites de la majeure partie desd faux billets au porteur, & en ayant profité; Benavent d'être complice & agent de l'exécution des faux en question, & Canron d'être l'auteur de la fausse acceptation mise au bas de l'un des mandats; en conséquence, ils fussent condamnés solidairement en tels dommages-intérêts qu'il plairoit à notredite cour fixer, applicables, du consentement dudit maréchal, au pain des prisonniers de la conciergerie du palais à Paris, & au profit des pauvres des villes de Milhaud, Tarbes & Poitiers : 9°. en ce qui touchoit l'abbé de Villeneuve Flayosc, Rubit, la veuve Leroy & Dubois, l'abbé de Villeneuve Trans, l'abbé Froment, le sieur Boucher de Préville & le sieur Aléon Desgouttes, il fût donné au maréchal duc de Richelieu acte de ce qu'il s'en rapportoit à la prudence de notredite cour, d'appliquer à chacun desdits accusés les condamnations de dommages-intérêts, & autres qu'elle croiroit convenables aux genres de conduite téméraire, indiscrete & suspecte, qu'ils ont tenue, & qui ont déterminé les différens décrets qui ont été prononcés contre eux : 10°. il fût ordonné la suppression de tous les mémoires & requêtes imprimés & distribués par les accusés, comme contenant des expressions & des imputations injurieuses, fausses & calomnieuses, & attentatoires à l'honneur dudit maréchal; sauf à notre procureur-général à prendre telles autres conclusions qu'il aviseroit pour la vindicte publique des délits dont il s'agit, & pour le maintien du bon ordre & du respect public violés dans lesdits mémoires & requêtes : 11°. la dame de Saint-Vincent, le sieur Vedel, Benavent & Canron fussent condamnés solidairement & par corps, aux dépens envers ledit maréchal, à titre de réparations civiles, & les sieurs abbé de Villeneuve Flayosc, Rubit, la veuve Leroy, Dubois, l'abbé de Trans, l'abbé Froment, le sieur Boucher de Préville, & le sieur Aleon Desgouttes, condamnés aux dépens chacun à leur égard: 12°. il fût ordonné que l'arrêt à intervenir seroit imprimé & affiché au nombre de trois mille exemplaires, aux frais solidaires de ladite dame de Saint-Vincent, du sieur Vedel, de Benavent & Canron, sous la réserve de tous autres dus, droits & actions, & de prendre par la suite d'autres conclusions, s'il y échet; au bas de laquelle requête est l'ordonnance de notredite cour du douze janvier mil sept cent soixante-seize, par laquelle il a été réservé à y faire droit en jugeant, & la signification desdites requête & ordonnance, des 25 dudit mois de janvier & 23 mars suivant, à Morise Moreau, Bertaut, Compain, Dehaullon, Japiot, le Sénéchal & Delavolle procureurs, & au domicile de l'abbé Froment, par exploit dudit jour 23 mars, fait par Sergent, huissier de notredite cour: le mémoire imprimé intitulé: observations sur le mémoire de madame de Saint-Vincent, intitulé: reproches, pour M. le maréchal de Richelieu, pair de France, accusateur contre madame de Saint-Vincent accusée, & signifié le 25 janvier 1776 à le Sénéchal, procureur; autre mémoire imprimé intitulé: observations pour M. le maréchal duc de Richelieu, & signifié le même jour 25 janvier 1776 à le Sénéchal, procureur; la requête de ladite dame de Saint-Vincent, contenant demande à ce qu'il lui fût donné acte de la nouvelle plainte qu'elle rendoit tant contre le maréchal duc de Richelieu, que contre les quidams qui ont intercepté & livré sa lettre du 30 septembre 1774, que ledit Maréchal a produite par requête du 12 décembre 1775; il fût ordonné que le Maréchal duc de Richelieu seroit décrété de tel decret qu'il plairoit à notredite cour décerner, & les quidams, ses fauteurs, complices & adhérens qui ont intercepté, surpris ou enlevé de force ladite lettre, & ceux qui l'ont vendue & livrée par perfidie & subornation, seroient pris & appréhendés au corps, & conduits dans les prisons de la conciergerie du palais, &

que leur procès leur seroit fait & parfait jusqu'à arrêt définitif, & pour découvrir les manœuvres & les voies odieuses qui ont été employées, il fût permis à ladite dame de Saint-Vincent de faire informer pardevant les conseillers-rapporteurs; & où notredite cour par considération particuliere, feroit quant à présent quelque difficulté de décréter le maréchal de Richelieu, il fût ordonné que conformément à la disposition de son arrêt du 22 décembre 1693, & à tel jour & heure qu'il lui plairoit indiquer, le maréchal duc de Richelieu seroit tenu de se représenter & comparoître en personne à la barre de notredite cour, les chambres assemblées, les princes & pairs y séants, pour après serment par lui prêté être interrogé, & répondre premierement sur les moyens qu'il a mis en usage pour s'emparer de ladite lettre, & déclarer si c'est par violence, par surprise & séduction & subornation; secondement, pour nommer, spécifier & désigner les quidams dont il s'est servi, si lui ou ses gens d'affaires ont acheté la lettre, quel prix ils en ont donné, & quel est celui ou celle qui l'a vendue: pour, lesdites déclarations faites sur le registre, dont expédition seroit délivrée à ladite dame de Saint-Vincent, & les informations rapportées & jointes, être par ladite dame de Saint-Vincent requis, & par notredite cour statué ce qu'il appartiendroit; il fût ordonné que ladite lettre demeurera déposée au greffe, pour servir de piece de conviction contre les intercepteurs & traditeurs, & néanmoins que dès-à-présent les autres lettres du maréchal de Richelieu qu'il n'a point arguées, & toutes celles de la dame de Saint-Vincent qui ont été pillées & enlevées de force, lui seroient rendues & restituées pour servir à sa défense & justification; quoi faisant, tous greffiers & dépositaires en seroient valablement déchargés; il fût permis à ladite dame de Saint-Vincent de joindre à ladite requête un imprimé d'icelle, lequel étoit timbré, qui contenoit les conclusions ci-dessus, & en outre les raisons & moyens sur lesquels elles étoient appuyées; au bas duquel imprimé étoit une consultation de Me Piet Duplessis, ancien avocat en notredite cour, du 20 décembre 1775, qui estimoit que ladite dame de Saint-Vincent étoit bien fondée dans sadite requête, & duquel imprimé ladite dame de de Saint-Vincent feroit donn ner copie en même tems que de celle ci-dessus au maréchal duc de Richelieu, afin qu'il n'en prétende cause d'ignorance, sans préjudice à ladite dame de Saint-Vincent d'autres droits & actions : l'arrêt de notredite cour du 30 janvier 1776, intervenu sur ladite requête & sur les conclusions de notre procureur-général, qui a joint la requête de ladite dame de Saint-Vincent au fond du procès, pour en jugeant, y avoir tel égard que de raison ; la requête de ladite dame de Saint-Vincent, tendante à ce qu'il lui fût donné acte de la récusation des maîtres des requêtes, qui se présentoient pour la premiere fois, & venoient intervertir l'ordre & la suite des délibérations de notredite cour, à l'effet d'en exclure ceux des maîtres des requêtes, qui depuis un an assistoient avec assiduité à l'instruction du procès ; il fût ordonné qu'ils s'abstiendroient d'en connoître, & que les premiers seroient invités & avertis de revenir prendre leurs places : au bas de laquelle requête est l'ordonnance de notredite cour du 15 janvier 1776, par laquelle il a été réservé à y faire droit en jugeant, & la signification desdites requêtes & ordonnances à Desprez, procureur du même jour : l'arrêt de notredite cour, intervenu sur ladite requête & sur les conclusions de notre procureur-général, le 30 dudit mois de janvier, par lequel ladite dame de Saint-Vincent a été déclarée non-recevable en sadite requête : les deux dénonciations faites à notre procureur général, à la requête de messire François Louis Hector, marquis de Simianne, & de messire Gaspard - Boniface Constantin, vicomte de Castellanne ès noms, comme fondés des pouvoirs des parens de madame de Saint-Vincent, par exploit du même jour 4 janvier 1776, fait par Sergent, huissier de notredite cour ; Arrêt rendu en notredite Cour, les chambres assemblées, suffisamment garnie de pairs, du 7 février 1776, par lequel il a été ordonné que les pieces énoncées auxdites dénonciations seroient & demeureroient déposées au greffe criminel de notredite cour : l'acte de dépôt desdites pieces au greffe criminel de notredite cour du même jour 7 février 1776 ; la requête de Marie-Anne Breard, veuve de Jacques-Joseph Leroy, tendante a ce qu'en procédant au jugement du procès pendant en notredite cour, les conclusions par elle ci-devant prises, lui fussent adjugées, & y augmentant, il lui fût donné acte de ce que pour moyens d'atténuation contre l'accusation contre elle intentée, elle employoit le contenu en ladite requête, & ce qu'il plairoit à notredite cour suppléer: ce faisant les plaintes, procédures criminelles & décret de prise de corps contre elle décernés fussent déclarés nuls, injurieux & vexatoires, elle en fût déchargée; il fût fait défense au maréchal duc de Richelieu, de plus à l'avenir user de pareilles voies, & qu'il fût condamné en cent mille livres de dommages-intérêts, résultans de l'emprisonnement de la personne de ladite dame veuve Leroy, de sa détention dans les prisons pendant près d'une année, de la privation de son commerce & des pertes considérables qu'elle en a souffertes; il fût ordonné que l'arrêt à intervenir seroit lu, imprimé, publié & affiché jusqu'à concurrence de mille exemplaires, par-tout où besoin seroit; & que ledit maréchal duc de Richelieu fût condamné aux frais & dépens des causes principales, d'appel & demandes, sauf à notre procureur-général à prendre pour la vindicte publique & pour la sûreté des citoyens, telles conclusions qu'il arriveroit: au bas de laquelle requête est l'ordonnance de notredite cour du 8 février 1776, portant soit communiquée à notre procureur-général & signifiée; la signification desdites requête & ordonnance à Desprez procureur, du 9 du même mois; la requête de François de Vedel-Montel, tendante à ce que pour justifier que le maréchal de Richelieu s'étoit intéressé vivement pour ledit de Vedel-Montel, qu'il a parlé en sa faveur à M. le duc d'Aiguillon, alors ministre de la gurrre, à M. le duc de la Vauguyon & au sieur Charlot, premier commis de la guerre, il fût permis audit de Vedel-Montel, de produire & joindre par forme de production nouvelle au procès pendant en notredite cour, entre lui d'une part, & le maréchal de Richelieu & autres d'autre part, deux fragmens de lettres écrites de la main dudit maréchal duc de Richelieu: ce faisant, procédant au jugement du procès, les conclusions ci-devant prises par ledit de Vedel-Montel lui fussent adjugées, & que le maréchal duc de Richelieu fût condamné aux dépens sans préjudice d'autres droits; au bas de laquelle requête est l'ordonnance de notredite cour du 5 février 1776, portant, soit communiquée à notre procureur-général, & au surplus a réservé à y être fait droit en jugeant, & la signification desdites requête & ordonnance du 22 du même mois, à Desprez procureur; la requête de Guillaume-Basile Canron, du 28 février mil sept cent soixante-seize, tendante à ce qu'en jugeant le procès de la présidente de Saint-Vincent, & le Maréchal duc de Richelieu & autres, les conclusions ci-devant prises par ledit Canron lui fussent adjugées; en conséquence, le maréchal duc de Richelieu fût déclaré purement & simplement non-recevable dans les demandes qu'il a formées contre ledit Canron, ou en tous cas il en fût débouté, & condamné en cinquante mille livres de dommages & intérêts & aux dépens; au bas de laquelle requête est l'ordonnance de notredite cour, par laquelle il a été réservé à y être fait droit en jugeant, & la signification desdites requête & ordonnance à Desprez procureur; le mémoire imprimé, intitulé reproches: de faux témoins, que fournit pardevant vous, nosseigneurs de parlement, les chambres assemblées, les princes pairs y séants, dame Julie de Villeneuve de Vence, épouse de M. de Saint-Vincent, président à mortier à notre parlement de Provence, accusée, contre M. le maréchal duc de Richelieu, partie civile, ledit mémoire signifié à Desprez procureur, le 28 février 1776: autre mémoire imprimé, intitulé, quatrieme réponse de madame de Saint-Vincent aux quatrieme & cinquieme observations de M. le maréchal de Richelieu; ledit mémoire signifié à Desprez procureur le même jour 28 février 1776; la requête de ladite dame de Saint-Vincent, du 2 mars 1776, tendante à ce qu'il lui fût permis de joindre à sadite requête les pieces énoncées en icelle aux inductions qui en ont été tirées, en conséquence que les dépositions des experts & des témoins de Poitiers fussent déclarées nulles, fausses & subornées; il fût ordonné qu'elles seroient rejettées du procès, sauf à notre procureur-général à prendre contre les témoins convaincus de faux témoignages & d'impostures, & contre les subornateurs, telles conclusions qu'il aviseroit; & où notredite cour voudroit ajouter preuve sur preuve, en faisant entendre ceux des témoins qui depuis dix-huit dix-huit mois ne sont pas morts ou absens, comme ladite dame de Saint-Vincent étoit en état de les administrer, en ce cas en lui donnant acte des plaintes par elle rendues, il lui fût permis de faire entendre ceux des témoins qu'elle pourroit découvrir, tant à Paris, Poitiers & Milhaud que partout ailleurs, à l'effet de quoi il seroit délivré commission aux lieutenans-criminels des lieux, ou en cas d'absence, ou légitime empêchement, au plus ancien officier de chaque siege suivant l'ordre du tableau, pour les informations faites & rapportées, être par notre procureur-général pris telles conclusions, & par notredite cour ordonné ce qu'il appartiendroit; au bas de laquelle requête est l'ordonnance de notredite cour qui a réservé à y faire droit en jugeant, & la signification desdites requête & ordonnance à Desprez procureur; la requête de Jean-Baptiste Benavent, du 6 mars 1776, tendante à ce qu'il lui fût permis de joindre au procès, d'entre le maréchal de Richelieu & la dame de Saint-Vincent & autres, la lettre du 16 avril 1772, pour en jugeant y avoir tel égard que de raison; ce faisant les conclusions par lui ci-devant prises lui fussent adjugées avec dépens; au bas de laquelle requête est l'ordonnance de notredite cour, qui a réservé à y être fait droit en jugeant, & la signification desdites requête & ordonnance à Desprez procureur; le mémoire imprimé, intitulé réflexions sur trois lettres importantes produites au procès, d'entre M. le maréchal de Richelieu & madame de Saint-Vincent, ledit mémoire signifié le 23 mars 1776, à le Sénéchal & Morise procureurs; la sommation faite au Maréchal duc de Richelieu, à la requête de ladite dame de Saint-Vincent, par acte signifié le 2 mars 1776, à Desprez procureur du maréchal duc de Richelieu; le mémoire imprimé, intitulé réponse de M. le maréchal duc de Richelieu; à la sommation signifiée à son procureur, le 2 mars 1776, de la part de madame de Saint-Vincent, ledit mémoire signifié le 15 dudit mois de mars, à le Sénéchal & Morise procureurs; la requête de ladite dame de Saint-Vincent, du 19 dudit mois de mars, tendante à ce qu'en procédant au jugement d'entre les parties, il fût donné acte à ladite dame de Saint-Vincent, de ce que par un imprim qui a paru ſous le nom de M. le maréchal de Richelieu, intitulé réflexions ſur trois lettres importantes produites au procès, d'entre M. le maréchal & madame de Saint-Vincent, ſignées de mondit ſieur le maréchal duc de Richelieu, & Tronchet ſon avocat, ledit maréchal a reconnu la lettre faiſant la dix-ſeptieme du dépôt de Me Lafitte, procureur au châtelet, il eſt convenu l'avoir écrite à ladite dame de Saint-Vincent; ce faiſant, que ladite lettre reconnue ſerviroit de pieces de comparaiſon, & ſeroit confrontée avec celles qui ſont arguées, comme auſſi il lui fût donné acte de ce que ledit maréchal avoit avancé dans le même imprimé, avoir reçu une lettre de la dame de Saint-Vincent, dans laquelle étoit incluſe une lettre du ſieur Vicomte de Caſtellanne, & qu'il a envoyée à ladite dame de Saint-Vincent une lettre dans laquelle étoit incluſe une lettre de change; & faute par M. le maréchal de s'être expliqué ſur la ſommation à lui faite le 2 dudit mois de mars, & d'avoir conſtaté l'exiſtence de la prétendue lettre de change de cent écus par lui alléguée, les concluſions priſes par ladite dame de Saint-Vincent, lui fuſſent adjugées avec dépens, ſans préjudice de ſes autres droits & actions, & ſauf à elle à prendre par la ſuite telles concluſions qu'il appartiendroit; au bas de laquelle requête eſt l'ordonnance de notredite cour, qui a réſervé à y faire droit en jugeant, & la ſignification deſdites requête & ordonnance à Deſprez, procureur: la requête de François-Antoine Rubit, tendante à ce qu'en augmentant & expliquant, en tant que de beſoin, les concluſions par lui ci-devant priſes, il lui fût donné acte de ce que, pour moyens d'atténuation, faits juſtificatifs, & ſubſidiairement pour défenſes à toutes les demandes formées contre lui, il employoit tant le contenu en ſa requête, que les preuves exiſtantes à ſa décharge dans le procès; ſon mémoire imprimé & ſignifié le 11 Avril 1775, ce qu'il avoit dit dans ſes requêtes précédentes, & ce qu'il plairoit à notredite cour ſuppléer de droit & d'équité; ce faiſant, procédant au jugement, & ayant égard auxdits moyens, faits juſtificatifs & défenſes, toute la procédure, en ce qui touchoit ledit Rubit, fût déclarée nulle & vexatoire; l'accuſation contre lui intentée à la requête du maréchal de Richelieu fût pareillement déclarée injurieuse & calomnieuse; ledit Rubit fût déchargé de ladite accusation; il fût ordonné que l'écrou de sa personne seroit rayé & biffé du registre de la geole, à côté duquel il seroit fait mention de l'arrêt qui interviendroit; & pour la calomnieuse accusation, & les vexations odieuses exercées contre lui, qui a été traîné indignement dans les prisons, où il a contracté des maladies qui alterent sa santé, le discrédit apporté à sa réputation & à son commerce, & les escomptes immenses qu'il a fallu payer pour le retard de paiement dans un commerce qu'il fait, qui est des plus considérables, retards de paiemens qui n'ont été occasionnés que par l'apposition flétrissante des scellés mis, sans autre objet que de le diffamer gratuitement, sur les effets dont on lui a empêché la jouissance, ledit maréchal de Richelieu fût condamné en cent mille liv. de dommages & intérêts envers ledit Rubit, ou en réparation civile, & en tous les dépens; il fût ordonné que les différens libelles manuscrits ou imprimés, mémoires, requêtes, observations, &c. faits par le maréchal de Richelieu, seroient & demeureroient supprimés comme injurieux & calomnieux envers ledit Rubit; il fût ordonné pareillement que les trois billets signés dudit maréchal de Richelieu, l'un de trente-cinq mille liv. l'autre de vingt-cinq mille liv. & l'autre de vingt mille liv. joints au procès, seroient restitués audit Rubit, pour continuer les poursuites civiles commencées au châtelet suivant les derniers erremens, & ensuite procéder ainsi que ledit Rubit aviseroit bon être; & où, par l'événement dudit procès, lesdits trois billets dont ledit Rubit étoit porteur, viendroient à être déclarés nuls, contre toute attente, en ce cas il fût ordonné que le maréchal de Richelieu seroit tenu de les acquitter à leurs échéances dans les mains dudit Rubit, sauf les recours dudit maréchal duc de Richelieu contre qui de droit; & où lesdits billets seroient déclarés faux & fabriqués par la dame de Saint-Vincent, ou par d'autres accusés, ce que ledit Rubit n'estimoit pas, en ce cas ledit maréchal de Richelieu & ladite dame de Saint-Vincent, fussent condamnés solidairement à payer audit Rubit la somme de quatre-vingt mille liv. montant desdits billets;

comme aussi il fût permis audit Rubit de saisir & revendiquer les marchandises par lui livrées pour partie des causes desdits billets, & ce, partout où lesdites marchandises se trouveroient en nature, & le prix d'icelles partout où il se trouveroit; que le maréchal de Richelieu & la dame de Saint-Vincent fussent toujours condamnés solidairement en tous les dépens faits à son égard, tant au châtelet qu'en notredite cour; dans tous les cas il fût permis audit Rubit de faire imprimer, publier & afficher l'Arrêt à intervenir partout où besoin seroit, sans préjudice d'aucuns de ses droits, noms, raisons, actions, & sous la réserve expresse de prendre à partie tous & aucuns des officiers du châtelet, dont la procédure est émanée, pour raison des vexations exercées contre ledit Rubit; au bas de laquelle requête est l'ordonnance de notredite cour du 4 Mars 1776, par laquelle il a été réservé à y être fait droit en jugeant, & la signification desdites requête & ordonnance à Desprez & le Senechal, procureurs, du 5 du même mois: la requête d'Etienne Dubois, du 9 Mars 1776, tendante à ce qu'en procédant au jugement du procès d'entre le maréchal duc de Richelieu & la dame de Saint-Vincent, ledit Dubois & autres, sans s'arrêter aux requêtes & demandes dudit maréchal duc de Richelieu, en ce qui concernoit ledit Dubois dans lesquels ledit maréchal duc de Richelieu seroit déclaré purement & simplement non-recevable, ou dont en tout cas il seroit débouté, ledit Dubois fût déchargé de l'accusation contre lui intentée par le maréchal de Richelieu; le décret de prise de corps décerné contre ledit Dubois, à la requête dudit maréchal duc de Richelieu, par le lieutenant criminel du châtelet de Paris, le 14 août 1774 & tout ce qui avoit précédé & suivi, fussent déclarés nuls, injurieux, vexatoires; la liberté provisoire accordée audit Dubois par l'arrêt de notredite cour du 23 août 1775, fût déclarée définitive; en conséquence il fût ordonné que l'écrou dudit Dubois, fait le 3 août 1775 sur le registre des prisons de la conciergerie du palais, seroit rayé & biffé, & que mention seroit faite en marge dudit écrou de l'arrêt à intervenir; à ce faire, tous greffiers & dépositaires dudit registre, contraints, même par corps; quoi faisant, déchargés; que le maréchal de Richelieu fût condamné en vingt mille liv. de dommages-intérêts envers ledit Dubois, ou en telle autre somme qu'il plairoit à notredite Cour fixer, résultant de l'indue vexation & du tort que ledit Dubois a éprouvé dans son commerce ; il fût ordonné que l'arrêt à intervenir seroit imprimé & affiché dans Paris, & partout où besoin seroit, jusqu'à concurrence de deux mille exemplaires, aux frais & dépens dudit maréchal, lequel seroit en outre condamné aux dépens envers ledit Dubois, sans préjudice de tous ses autres droits, & de prendre telles conclusions qu'il aviseroit ; au bas de laquelle requête est l'ordonnance de notredite Cour qui a réservé à y faire droit en jugeant, & la signification desdites requête & ordonnance à Desprez, procureur : la requête de Claude-Etienne Alléon des Gouttes, du 16 mars 1776, tendante à ce qu'en procédant au jugement du procès actuellement sur le bureau, au rapport de MM. Rolland de Challerange & Titon de Villotran, conseillers, entre le maréchal duc de Richelieu, accusateur & demandeur, d'une part, & la dame de Saint-Vincent, accusée & défenderesse, d'autre part, ledit Alléon des Gouttes fût reçu appellant du décret d'assigné pour être ouï, décerné contre lui par le lieutenant criminel du châtelet de Paris, le 23 août 1774, signifié audit Alléon des Gouttes le 6 septembre suivant, à la requête du maréchal de Richelieu, & de tout ce qui a précédé & suivi ; l'appel fût tenu pour bien relevé, prononçant sur ledit appel, l'appellation, & ce dont étoit appel, fussent mis au néant ; émendant, sans s'arrêter ni avoir égard aux conclusions prises contre ledit Alléon des Gouttes par ledit maréchal, par sa requête de conclusions civiles, imprimée chez Cellot, rue Dauphine, contenant soixante-deux pages, signée le maréchal duc de Richelieu & Desprez, non signifiée audit Alléon des Gouttes, ni à son procureur ; dans laquelle ledit maréchal duc de Richelieu seroit déclaré non-recevable, ou dont en tout cas il seroit débouté ; ledit Alléon des Gouttes fût déchargé de l'accusation téméraire & calomnieuse contre lui intentée ; la procédure extraordinaire contre lui faite à la requête dudit maréchal, fût déclarée nulle, injurieuse, tortion-

BIBLIOTHEQUE ROYALE
I

naire; il fût ordonné que les termes injurieux, répandus contre l'honneur, l'état & la réputation dudit Alléon des Gouttes, dans les deux mémoires & la requête imprimée dudit maréchal de Richelieu, le premier contenant cent soixante-deux pages, intitulé « Mémoire pour le maréchal de Richelieu, contre madame de Saint-Vincent; commençant par ces mots: Monsieur le maréchal de Richelieu en dénonçant à la justice le crime dont il accuse madame de Saint-Vincent, a contracté l'obligation de l'en convaincre; & finissant par ceux-ci : des imputations que madame de Saint-Vincent a cru devoir se permettre »: on lit, page cent vingt-neuf, *recto, la demande qu'elle en fit* (en parlant de la dame de Saint-Vincent, & d'un mandat dont il s'agit au procès) *à M. de Richelieu, fut la suite d'une consultation que lui donna au Luxembourg un avocat rayé du tableau, que le sieur de Vedel avoit appellé à son conseil*; & à côté on lit cette note marginale étoilée, pour désigner complettement & ne pas méprendre l'avocat supposé rayé, * * *Voyez le premier interrogatoire de Vedel*, où effectivement dans l'imprimé de cet interrogatoire, distribué par M. le maréchal avec le susdit mémoire, on lit à la page cinq, recto, le nom en toutes lettres dudit Alléon des Gouttes: le second, contenant soixante-trois pages, intitulé, *Mémoire pour M. le maréchal duc de Richelieu, contre le sieur de Vedel-Montel*; commençant par ces mots: *Quand on lit le mémoire que le sieur Vedel a répandu dans le public*; & finissant par ceux-ci: *c'est au tribunal de l'honneur que le maréchal de Richelieu en appel avec confiance*; on lit page quarante-quatre, verso: *le sieur Vedel a consulté.... qui? Un avocat rayé du tableau, c'est la marche naturelle d'une intrigue*: & enfin la requête imprimée du maréchal duc de Richelieu, contenant soixante-deux pages, signée *le marechal duc de Richelieu*, intitulée *Requête de conclusions civiles présentée à notredite cour par le maréchal de Richelieu, contre Madame de Saint-Vincent, le sieur Vedel de Montel, Benavent, & autres co-accusés*; où on lit, page quarante-cinq, recto: *le sieur Vedel a recours à un nommé Alléon des Gouttes, jadis avocat, pour savoir s'il est en bonne forme; &, sur l'avis de cet ex-avocat, on fait un second mandat,* *on le signe du nom du maréchal, & on l'accepte sous le nom de Peixotto;* page cinquante-une, *tous les accusés ont tous participé plus ou moins, soit aux manœuvres pratiquées pour consommer le faux dont il s'agit, soit aux négociations qui ont été faites ou tentées;* comme si c'étoit de l'avis dudit Alléon des Gouttes, & à son instigation, que tous ces prétendus faux dont se plaint M. le maréchal, ont été conçus, projettés & exécutés, tandis qu'il n'y est absolument pour rien; lesdits termes injurieux seroient rayés & biffés, comme contenant des qualifications fausses & injurieuses; il fût ordonné que le maréchal duc de Richelieu seroit tenu de s'en rétracter de déclarer qu'il reconnoît ledit Alléon Desgouttes pour homme d'honneur & non entaché desdites injures, que mal-à-propos il l'a dénoncé à la justice, tant comme co-accusé, & complice de la dame de Saint-Vincent & du sieur Vedel, dans les prétendus faux dont il les accuse, que mal famé & rejetté du sein de son ordre, dont il est toujours un des membres subsistants, & toujours digne de l'être dans la pureté de sa conscience; desquelles déclarations ledit maréchal seroit tenu de mettre acte au greffe de notredite cour, sinon que l'arrêt à intervenir vaudroit ledit acte; que ledit maréchal duc de Richelieu fût condamné en cinquante mille livres de dommages-intérêts, envers ledit Alléon Desgouttes, par forme de réparations civiles, & aux dépens des causes principales d'appel & demandes; il fût ordonné que l'arrêt à intervenir seroit imprimé & affiché, aux frais & dépens dudit maréchal de Richelieu, jusqu'à concurrence de mille exemplaires, tant dans la ville de Paris, que dans les provinces du Lyonnois, Beaujolois & Forest, & dans toute l'étendue des jurisdictions dudit Alléon Desgouttes, & où, contre toute attente le maréchal duc de Richelieu parviendroit à se faire décharger des demandes formées contre lui, sous prétexte que les informations seules ont pu déterminer le décret formé contre ledit Alléon Desgouttes, il lui fût permis d'intimer & prendre à partie le lieutenant-criminel du châtelet de Paris qui l'a décerné, se réservant de prendre telles conclusions qu'il appartiendroit, sans préjudice d'autres droits, & sauf à prendre d'autres conclusions envers & contre qui il appartiendra ; il fût en outre permis audit Alléon Desgouttes de joindre à sadite requête les pieces y énoncées, aux inductions qui en ont été tirées, au surplus adjuger audit Alléon Desgouttes, les conclusions qu'il a ci-devant prises ; au bas de laquelle requête est l'ordonnance de notredite cour, qui a réservé à y faire droit en jugeant, & la signification desdites requête & ordonnance à Desprez procureur dudit maréchal de Richelieu ; la requête d'Antoine-François-Baltazard-Marie-Elizabeth de Villeneuve Flayosc, Prieur de Guiberon, tendante à ce qu'il lui fût donné acte de ce que pour fins de non-recevoir, & subsidiairement pour défenses & moyens d'atténuation, contre l'accusation intentée contre lui, par le maréchal de Richelieu en complicité, du prétendu faux dont il s'agit, il employoit le contenu en sadite requête, ensemble ce qu'il avoit ci-devant dit, écrit & produit, & ce qu'il plairoit à notredite cour suppléer de droit & d'équité ; ce faisant, procédant au jugement du procès, sans s'arrêter ni avoir égard auxdites requête & demandes dudit maréchal de Richelieu, dans lesquelles il seroit déclaré purement & simplement non-recevable, ou dont en tous cas il seroit débouté, ledit abbé de Villeneuve Flayosc fût déchargé de l'accusation contre lui intentée témérairement & calomnieusement par ledit maréchal de Richelieu, que ledit maréchal fût condamné à faire réparation d'honneur audit abbé de Villeneuve Flayosc, en présence de douze presonnes telles qu'il voudroit les choisir, & à déclarer qu'il tenoit ledit abbé de Villeneuve Flayosc pour un ecclésiastique honnête & intact, & pour un homme d'honneur & de probité, & incapable d'entrer dans aucun complot de faux, d'y coopérer & participer en maniere quelconque, à lui en passer acte au greffe notredite cour ou pardevant notaire, sinon que l'arrêt à intervenir vaudroit ledit acte ; que le maréchal de Richelieu fût condamné en trois cens mille livres de dommages-intérêts envers ledit abbé de Villeneuve Flayosc, par forme de réparation civile ; il fût ordonné que tous mémoires & requêtes imprimés & distribués par le maréchal duc de Richelieu, seroient & demeureroient supprimés en ce qui concernoit le-

dit

dit abbé de Villeneuve Flayosc, comme injurieux, faux, calomnieux, attentatoires à son honneur & à sa réputation ; il fût ordonné que l'arrêt à intervenir seroit publié & affiché au nombre de six mille exemplaires, aux frais & dépens dudit maréchal, tant à Paris qu'à Guiberon, Poitiers & partout où besoin seroit ; il fût permis audit abbé de Villeneuve Flayosc, de prendre à partie le sieur Bachois lieutenant-criminel; ledit maréchal fût condamné en outre en tous les dépens faits tant au châtelet qu'en notredite cour, sans préjudice d'autres droits & actions : au bas de laquelle requête est l'ordonnance de notredite cour, du 18 mars 1776, par laquelle il a été réservé à y être fait droit en jugeant, & la signification desdites requête & ordonnance du 19, à Desprez procureur ; la requête de François de Vedel-Montèl, tendante à ce qu'en procédant au jugement du procès, & avant faire droit au principal, il fût ordonné que par gens à ce connoissans, qui seroient commis à cet effet par notredite cour, la lettre trente-septieme du dépôt fait par Me Lafitte procureur au châtelet, seroit vue & examinée pour par eux reconnoître, par tous les moyens nécessaires, si le mot couvert d'encre inséré dans icelle n'est pas celui de Vedel, au lieu de celui de Sube, qu'il plaît au maréchal de Richelieu d'y supposer ; & dans le cas où il leur seroit impossible d'enlever l'encre, jusqu'au point de découvrir suffisamment ledit nom, pour examiner alors de combien de lettres ce mot rayé est composé, lesquels experts seroient tenus de faire leur épreuve en présence de notredite cour, ou devant tel conseiller qu'il plairoit à notredite cour de commettre à cet effet, & sans retarder le jugement du procès, pour l'épreuve faite, être adjugé audit de Vedel les conclusions qu'il a prises au fond du procès, & par notredite cour ordonné ce qu'il appartiendroit : au bas de laquelle requête est l'ordonnance de notredite cour, qui a réservé à y faire droit en jugeant, & la signification desdites requête & ordonnance à Desprez procureur, du 19 mars 1776 : l'arrêt de notredit cour dudit jour 19 mars 1776, rendu sur les conclusions de notre procureur-général, par lequel il a été ordonné que la requête dudit Vedel seroit jointe au fond du procès, & néanmoins faisant droit sur les conclusions de notre procureur-général, & sans retardation de la visite dudit procès, il a été ordonné qu'à la requête de notre procureur-général, il seroit procédé sans déplacement par Rolland & Pollard jurés experts écrivains, que notredite cour a nommés d'office: premierement, à la description de la lettre numéro trente-sept, du dépôt fait par Lafitte procureur au châtelet, & de la rature qui s'y trouve dans l'état où elle est présentement; secondement, aux expériences par lesquelles lesdits experts estimeroient possible de parvenir à découvrir les lettres qui étoient originairement à l'endroit raturé, avant que ladite rature ait été faite, dont du tout seroit dressé procès-verbal, pour icelui fait communiqué à notre procureur-général, être par lui requis & par notredite cour ordonné ce qu'il appartiendroit; l'ordonnance desdits Mes Boula & Pintrel, du 20 dudit mois de mars, à l'effet d'assigner lesdits experts; l'assignation donnée en conséquence auxdits Rolland & Pollard experts, par exploit du même jour, fait par Regnaud huissier de notredite cour, à comparoître le même jour trois heures de relevée, au greffe criminel de notredite cour, pour procéder aux vérifications & opérations ordonnées par l'arrêt susdaté; le procès-verbal fait le même jour 20 mars, par lesdits conseillers-commissaires, en présence de Me Mauperché substitut de notre procureur-général, contenant les dires & affirmations desdits Rolland & Pollard, experts, sur le mot en question: l'arrêt de notredite cour rendu sur les conclusions de notre procureur-général, le 21 dudit mois de mars, qui a joint ledit procès-verbal au fond du procès pour servir & valoir ce que de raison; le mémoire imprimé, intitulé « résumé général des preuves matérielles de faux, servant en » même-tems de repliques sommaires au mémoire intitulé, » réponses pour madame de Saint-Vincent, pour le maréchal » de Richelieu, contre madame de Saint-Vincent, Vedel & » autres co-accusés, ledit mémoire signifié le 23 mars 1776, » à le Sénéchal & Morise procureurs: autre mémoire im» primé, intitulé preuves morales du faux, pour le maréchal » duc de Richelieu, contre madame de Saint-Vincent & au-

» tres co-accusés », ledit mémoire signifié le même jour 23 mars 1776, à le Sénéchal & Morise procureurs; la requête de Claude-Guillaume Boucher de Preville, du 23 mars 1776, tendante à ce qu'en procédant au jugement du procès criminel pendant en notredite cour, entre le maréchal duc de Richelieu, la dame présidente de Saint-Vincent & autres parties compliquées dans cette instruction, sans s'arrêter aux différentes requêtes & demandes dudit maréchal de Richelieu en ce qui concernoit ledit Boucher de Preville, qui n'avoit jamais dû être partie dans la procédure, puisque les prétendus faux, s'ils existoient, lui sont tout-à-fait étrangers, & parce qu'il ne se trouvoit propriétaire du billet de soixante mille livres souscrit par le maréchal de Richelieu, le 13 novembre 1773, payable dans huit mois de sa date, c'est-à-dire, le 13 mai 1775, que par l'effet d'une négociation d'usage en commerce, banque & finance, & parce que ledit Boucher de Preville a compté sur la sincérité & vérité de ce billet, avoué d'ailleurs dans le tems par le notaire même de M. le maréchal de Richelieu, ledit maréchal de Richelieu fût déclaré non-recevable dans toutes ses demandes contre ledit Boucher de Preville, en tous cas il en fût débouté; en conséquence, que les conclusions par lui ci-devant prises lui fussent adjugées avec dépens, dommages & intérêts; & comme en notredite cour il étoit permis de défendre à toutes fins, que d'ailleurs ladite dame de Saint-Vincent étoit garante de la validité du billet de soixante mille livres dont il s'agit, dont elle a reconnu avoir reçu la valeur dudit Boucher de Preville, par la négociation qu'elle a fait faire par l'abbé Froment, chargé par elle de cette négociation, que tous ces faits sont avoués, reconnus & constans au procès par la dame de Saint-Vincent, qu'enfin ledit Boucher de Preville étoit bien fondé à prendre des conclusions en garantie contre la dame de Saint-Vincent, pour qu'il puisse être indemne & à couvert, tel événement qu'ait le procès principal sur le prétendu faux, il fût donné acte audit Boucher de Preville, aux risques du maréchal de Richelieu, de la dénonciation qu'il faisoit à ladite dame de Saint-Vincent, de la demande civile par lui formée contre le maréchal duc de Richelieu, en reconnoissance du billet de soixante mille livres, du 13 novembre 1773, & dont il s'agit, ensemble l'inscription de faux formée par le maréchal de Richelieu contre ledit billet, & de toute la procédure extraordinaire relative auxdits faux contre ledit Boucher de Preville, à ce qu'elle n'en ignorât & eût à se joindre audit de Preville, pour faire débouter ledit maréchal de l'inscription de faux, & faire adjuger audit de Preville les conclusions qu'il avoit prises contre ledit maréchal, avec dommages-intérêts & dépens, sinon & dans le cas où, contre toute apparence, le maréchal de Richelieu réussiroit dans ses fins, c'est-à-dire, par l'arrêt à intervenir, le billet de soixante mille livres dont il s'agit seroit déclaré faux, attendu qu'il résulteroit dudit jugement, que la dame de Saint-Vincent auroit commis le faux, ou qu'elle seroit participante du faux, ou qu'elle auroit connu le faux; desquels faits il résulteroit toujours la conséquence contr'elle, que la négociation dudit billet a été infidelle & de mauvaise foi, par rapport audit de Preville qui a fourni la valeur; attendu aussi que, quand par l'arrêt à intervenir le billet dont est question seroit seulement déclaré faux, sans que la dame de Saint-Vincent fût déclaré avoir commis le faux, y avoir participé ou l'avoir connu, ledit de Preville étoit toujours en droit de demander à la dame de Saint-Vincent le remboursement du billet dont étoit question, qui se trouveroit anéanti; un jugement de cette nature dans tous les cas, & tel motif que pût avoir notredite cour, si elle déclaroit faux le billet dont il s'agissoit, en donnant acte audit de Preville des aveux & reconnoissance faits au procès par la dame de Saint-Vincent, qu'elle avoit reçu la valeur dudit billet de soixante mille livres dudit de Preville; ladite dame de Saint-Vincent fût condamnée par toutes voies, même par corps, de payer & rembouser audit de Preville la somme de soixante mille livres pour le montant du billet dont est question, & les intérêts de cette somme seulement échus du 13 mai 1775, échéance dudit billet & à écheoir jusqu'au paiement, si mieux elle n'aimoit rendre audit de Preville les mêmes valeurs qu'il lui avoit fournies, & qui sont constantes au procès, avec les intérêts desdites valeurs, du jour que la négociation a eu lieu, & à écheoir jusqu'au paiement, ainsi que ledit de Preville promit de le faire lors de la négociation, si on retiroit de ses mains le billet avant qu'il fût acquitté, ce que ladite dame de Saint-Vincent seroit tenue d'opter dans huitaine de la signification de l'arrêt à intervenir à personne ou domicile, sinon déchu & l'arrêt à intervenir exécuté purement & simplement pour la condamnation de soixante mille livres & intérêts du 13 mai 1775 seulement, qui étoit l'échéance dudit billet; les intérêts antérieurs ayant été compris dans la négociation suivant l'usage observé en banque, finance & commerce; & jusqu'à ce que ladite dame de Saint-Vincent ait satisfait à l'arrêt à intervenir, par le paiement total des sommes dues audit de Preville, il fût ordonné qu'elle garderoit prison; elle fût condamnée pareillement d'acquitter & garantir ledit de Preville de toutes condamnations, si aucunes étoient prononcées contre lui au profit du maréchal de Richelieu, & en trente mille livres de dommages-intérêts, résultant de la procédure extraordinaire, dans laquelle ledit de Preville s'étoit trouvé compliqué par le fait de la dame Saint-Vincent, qui en a été le principe & l'occasion, & dont elle étoit garante; elle fût condamnée aussi en tous les dépens, même en ceux faits contre le maréchal, tant au châtelet sur le civil, qu'en notredite cour sur la procédure extraordinaire; il fût ordonné que l'arrêt à intervenir seroit imprimé, lu, publié & affiché, aux frais de la dame de Saint-Vincent partout où besoin seroit, jusqu'à concurrence de trois cens exemplaires, pour tenir lieu de réparations audit de Preville; il fût donné acte audit de Preville, de ce qu'aux risques de ladite dame de Saint-Vincent, il sommoit & dénonçoit ladite demande audit maréchal de Richelieu, à ce qu'il n'en ignorât; en conséquence, & si ladite de Saint-Vincent parvenoit, comme il y avoit lieu de croire, à faire déclarer le billet dont il s'agissoit bon & valable, le maréchal de Richelieu fût condamné d'acquitter, garantir & indemniser ledit de Preville de toutes condamnations relatives à ladite demande, qui pourroient intervenir contre lui envers la dame de Saint-Vincent, & en tous dépens actifs & passifs, de maniere que ledit de Preville ne souffrît aucun préjudice, & qu'il sortît indemne d'une affaire dans laquelle il n'a pas dû être partie, puisque si le billet dont il s'agit étoit jugé faux, ledit de Preville n'étoit point l'auteur du faux, n'y avoit point participé, & ne l'avoit point connu, ainsi que cela a été reconnu & avoué au procès par toutes les parties : au bas de laquelle requête est l'ordonnance de notredite cour, qui a réservé à y faire droit en jugeant, & la signification desdites requête & ordonnance à Desprez & le Sénéchal procureurs ; la requête de François Vedel-Montel, tendante à ce que, ayant égard aux reproches par lui fournis contre Paillasson & Potier, écrivains experts, Me Dumoulin notaire du maréchal de Richelieu, le nommé Julien dit Dupuis, ou Castellenau ou Roquetaillade, la fille Auvray, les femmes la Martiniere & la Godiniere, & la fille Metayer, témoins entendus dans les informations & confrontés audit de Vedel, lesdits reproches rappellés page 49 & suivantes du dernier mémoire dudit de Vedel, intitulé, analyse du procès & signifié à partie civile, le

il fût ordonné que les dépositions de tous lesdits témoins seroient rejettées du procès ; ce faisant, les conclusions ci-devant prises par ledit de Vedel lui fussent adjugées, sauf à notre procureur-général à prendre contre lesdits faux témoins, & pour la vindicte publique, telles conclusions qu'il jugeroit à propos, & sous la réserve que faisoit ledit de Vedel de tous ses droits & actions, & que le maréchal de Richelieu fût condamné en tous les dépens du procès : au bas de laquelle requête est l'ordonnance de notredite cour, du 22 mars 1776, par laquelle il a été réservé à y être fait droit en jugeant, & la signification desdites requête & ordonnance du 23 du même mois à Desprez procureur ; la requête du maréchal duc de Richelieu, contenant demande à ce qu'il lui fût donné acte de ce qu'il joignoit au procès pendant en notredite cour, les lettres énoncées en sadite requête aux inductions qui en ont été tirées ; il lui fût pareillement donné acte de ce que pour fins de non-recevoir, & subsidiairement pour défenses contre l'imputation à lui faite par Benavent, de la prolongation de sa détention, après que notredite cour lui en a accordé son élargissement provisoire, ledit maréchal de Richelieu employoit le contenu auxdites lettres, pour, sans retardation de la visite du procès, y avoir par notredite cour égard, & y faire droit en jugeant, sous la réserve de tous les droits & actions dudit maréchal: au bas de laquelle requête est l'ordonnance de notredite cour, du 11 janvier 1776, par laquelle il a été réservé à y être fait droit en jugeant, & la signification desdites requête & ordonnance à Dehaullon procureur, du 23 mars suivant: autre requête du maréchal duc de Richelieu, contenant demande à ce qu'il lui fût donné acte de ce qu'il joignoit au procès pendant en notredite cour, les copies de deux sommations énoncées en sadite requête; il lui fût pareillement donné acte de ce que pour fins de non-recevoir, & subsidiairement pour défenses contre la plainte en subornation, hasardée par ladite dame de Saint-Vincent, il employoit lesdites sommations & le contenu en ladite requête, pour par notredite cour sans retardation de la visite du procès, y être fait droit en jugeant, sous la réserve de tous droits & actions dudit maréchal duc de Richelieu: au bas de laquelle requête est l'ordonnance de notredite cour, du 11 janvier 1776, par laquelle il a été réservé à y être fait droit en jugeant, & la signification desdites requête & ordonnance du 23 mars suivant à le Sénéchal procureur: autre requête dudit maréchal duc de Richelieu, contenant demande à ce qu'il lui fût donné acte de qu'il joignoit au procès pendant en notredite cour, par sadite requête, les pieces y énoncées, aux inductions qui en ont été tirées; il lui fût pareillement donné acte de ce que pour fins de non-recevoir, & subsidiairement pour défenses contre la dénonciation du prétendu rapt de séduction & de violence, par lui commis en la personne de la dame de Saint-Vincent, soit à Milhaud, soit à Tarbes, soit à Poitiers, dénonciation hasardée en notredite cour tant par elle que par ses parens, il employoit le contenu tant en la lettre écrite par la dame de Saint-Vincent au sieur Combette, datée de Milhaud, & qui est annexée à sa confrontation à cette dame de Saint-Vincent, que dans les lettres à lui écrites par le comte de Vence, & l'évêque de

Tarbes, & à toutes celles écrites par la dame de Saint-Vincent au sieur Vedel, trouvées sous les scellés de la femme Leroy, & pour moyens & inductions tirées desdites pieces, le contenu en sadite requête, pour, sans retardation de la visite du procès, être par notredite cour fait droit sur le tout en jugeant, sous la réserve de tous les droits & actions dudit Maréchal : au bas de laquelle requête est l'ordonnance de notredite cour, du 11 janvier 1776, par laquelle il a été réservé à y être fait droit en jugeant, & la signification desdites requête & ordonnance du 13 mars suivant à le Sénéchal procureur : autre requête dudit maréchal duc de Richelieu, tendante à ce qu'il fût ordonné, que le procès-verbal de vérification fait le 20 mars 1776, du mot rayé dans la piece cotée 37 du dépôt de Lafite, seroit rejetté du procès, & que la requête du sieur Vedel signifiée au procureur du maréchal sera supprimée, sous la réserve des droits & actions du sieur Maréchal; au bas de laquelle requête est l'ordonnance de notredite cour du 23 mars 1776, par laquelle il a été réservé à y faire droit en jugeant, & la signification desdites requête & ordonnance du 26 du même mois à Morise procureur : autre requête du maréchal duc de Richelieu, du 26 mars 1776, tendante à ce qu'en procédant au jugement du procès d'entre les parties, en augmentant aux conclusions prises par sa requête du 25 janvier 1776, dame Julie de Villeneuve de Vence, épouse de Jules Fauris de Saint-Vincent, François de Vedel-Montel, Jean-Baptiste Benavent, Antoine Baltazard, Marie-Elisabeth de Villeneuve Flayosc, Guillaume-Bazile Canron, Marie-Anne Breard, veuve de Jacques-Joseph Leroy, Etienne Dubois, François-Etienne Rubit, Claude-Guillaume Boucher de Proville & Claude-Etienne Alléon Desgouttes, fussent déclarés purement & simplement non-recevables dans les demandes portées par leurs requêtes des 9, 17, 22, 28 février; 2, 5, 6, 9, 16, 19 & 23 mars 1776; ou en tout cas, sans s'arrêter auxdites requêtes & demandes, les conclusions prises par ledit maréchal par sa requête répondue de l'ordonnance de notredite cour, du 12 janvier 1776, & signifiées tant à procureurs qu'à domicile, les 25 dudit mois de janvier, dudit mois de mars, lui fussent

fussent adjugées, sous la réserve de tous les droits & actions dudit maréchal, & sauf à prendre par la suite telles autres fins & conclusions qu'il aviseroit bon être ; au bas de laquelle requête est l'ordonnance de notredite cour, par laquelle il a été réservé à y être fait droit en jugeant, & la signification desdites requête & ordonnance à Delaval, le Sénéchal, Morise, Dehaullon, Japiot, Compain, pour Moreau & Berthau procureurs : autre requête dudit maréchal duc de Richelieu, tendante à ce qu'en exécution de l'arrêt du 2 août 1775, joint à ladite requête, il fût statué par l'arrêt définitif qui va être rendu contre la dame de Saint-Vincent & ses co-accusés, sur la plainte & autres demandes portées en la requête dudit maréchal sur laquelle ledit arrêt du 2 août dernier étoit intervenu, & que les conclusions par lui prises en icelle lui fussent adjugées, comme aussi que la dénonciation du prétendu rapt de la dame de Saint-Vincent, faite à notre procureur-général par le Vicomte de Castellanne & autres, tant en leurs noms comme se disant fondés de pouvoirs d'autres parens ou alliés de la dame de Saint-Vincent, fût déclarée fausse & calomnieuse ; il fût ordonné que la dénonciation seroit supprimée, & que mention de l'arrêt à intervenir seroit faite par le greffier de notredite cour, sur la minute de ladite dénonciation déposée au greffe de notredite cour, sauf à notre procureur-général à prendre pour la vindicte publique, telles conclusions qu'il appartiendroit, & sous la réserve de tous autres droits & actions dudit maréchal ; au bas de laquelle requête est l'ordonnance de notredite cour, du 27 mars 1776, portant soit communiquée à notre procureur-général, & la signification desdites requête & ordonnance à notre procureur-général, du 28 dudit mois de mars : autre requête du maréchal duc de Richelieu, tendante à ce qu'il lui fût permis de joindre au procès l'extrait mortuaire tiré des registres de la paroisse de Saint-Roch à Paris, d'Antoine-Joseph-Georges Sube, accusé, pour en jugeant y avoir tel égard que de raison ; vu aussi ledit extrait mortuaire dudit Antoine-Joseph-Georges Sube, accusé, décédé le 26 décembre 1775, ledit extrait délivré par Bouvier prêtre de la paroisse de Saint-Roch, le 26 mars 1776 ;

l'arrêt de notredite cour rendu sur la requête dudit maréchal duc de Richelieu le 13 février 1776, par lequel il a été ordonné que dans trois jours, à compter de la signification qui en seroit faite d'icelui à François de Vedel-Montel, Jean-Baptiste Benavent, Alexandre-Marie de Villeneuve-Trans, Claude-Guillaume Boucher de Preville, François-Antoine Rubit, Etienne Dubois, Antoine-François Balthazard-Marie-Elizabeth de Villeneuve Flayosc, Marie-Anne Breard, veuve de Jacques-Joseph Leroy, Gabriel-Marc Froment & Claude-Etienne Alléon des Gouttes, tous accusés, ils seroient tenus de se rendre aux pieds de notredite cour pour le jugement de leur procès, sinon & à faute de ce faire dans ledit tems & iceux passés, il a été ordonné qu'il y seroit procédé tant en leur absence que présence, suivant & au desir de l'édit du mois de Juillet 1773; la signification faite dudit arrêt auxdits accusés par exploit du 23 mars 1776, par Sergent, huissier de notredite cour, avec sommation d'y obéir: par lequel exploit de signification il est constaté que depuis environ six mois, Gabriel-Marc Froment accusé étoit parti pour remplir la place du curé de Figeac en Quercy, & que depuis ce tems il n'étoit point revenu à Paris; les procès-verbaux de translation de la dame de Saint-Vincent & de Canron accusés, des prisons de l'abbaye Saint-Germain-Desprez en celles de la conciergerie du palais, & reconduite desdits accusés ès prisons de l'abbaye Saint-Germain-Desprez, en date des 26, 27, 28 & 29 Mars 1776, faits par Sergent, huissier de notredite cour; l'arrêt de notredite cour rendu, toutes les chambres assemblées, sur les conclusions de notre procureur-général le 29 mars 1776, par lequel avant faire droit sur le tout & sans préjudice des droits respectifs des parties au principal, il a été ordonné qu'à la requête de Louis-François Armand Duplessis, duc de Richelieu, pardevant les conseillers-rapporteurs & par Rolland & Pallard, jurés-experts écrivains, que notredite cour a nommés d'office, il seroit procédé à une nouvelle vérification des signatures & des bons pour apposés sur les douze billets, & de l'écriture de dix-neuf lettres ou fragmens de lettres, & des trois autres lettres dont étoit question au procès, le tout argué de faux; lesquels experts examineroient separement lesdits billets & lettres, s'expliqueroient sur iceux aussi séparément, & seroient entendus en déposition pardevant lesdits conseillers-rapporteurs: lors desquelles vérifications & dépositions, il seroit remis auxdits experts pour pieces de comparaison, premierement, celles admises au procès; secondement, toutes les signatures dudit maréchal étant au procès qui souscrivent les différentes plaintes & requêtes; troisiemement, la lettre étant la trente-septieme piece du dépôt fait au greffe criminel du châtelet par Lafitte, procureur audit châtelet, & de Julie de Villeneuve de Vence, épouse de Jules-Fauris de Saint-Vincent, par acte des 2 & 3 septembre 1774, ladite lettre reconnue par ledit maréchal dans son mémoire imprimé intitulé: *réflexions sur trois lettres importantes produites au procès*, & signifiées le 15 mars 1776; de laquelle reconnoissance ladite de Saint-Vincent a demandé acte par sa requête signifiée le 19 dudit mois de mars; quatriemement, enfin la lettre écrite par ledit maréchal à la comtesse de Vence & signée de lui, produite au procès par ladite de Saint-Vincent par sa requête du 18 août 1775, de l'état, reconnoissance de laquelle lettre il seroit préalablement dressé procès-verbal par lesdits conseillers-rapporteurs, en présence de l'un des substituts de notre procureur-général & du maréchal duc de Richelieu, sommation aussi préalablement faite audit maréchal, à la requête de notre procureur-général, de comparoître au greffe de notredite cour aux jours & heure qui lui seroient indiqués, à l'effet d'être présent audit procès-verbal: comme aussi il a été ordonné qu'à la requête dudit maréchal-duc de Richelieu, & pardevant lesdits conseillers-rapporteurs, il seroit informé par addition des faits portés ès plaintes & informations, dans laquelle addition d'information Louise Marion, femme de chambre de ladite de Saint-Vincent, à l'époque du mois de Novembre 1773, Marion, intendant dudit maréchal de Richelieu, Guinot, avocat en notredite cour, Huchcrard, procureur en notredite cour, Barré de Chaban, avocat ès conseils, Lafitte, procureur au châtelet, Charlot, premier commis de la guerre, Adrien Lassé, domestique dudit maréchal, & autres, seroient entendus en déposition: il a été ordonné pareillement qu'à la requête dudit maréchal duc de Richelieu, & pardevant Mes Boula & Pintrel, conseillers que notredite cour a commis à cet effet, lesdits experts & les témoins ci-dessus désignés, ensemble ceux qui pourront être entendus, seroient récolés en leurs dépositions, & si besoin étoit, confrontés à ladite Saint-Vincent & autres accusés; il a été ordonné en outre qu'à la même requête & pardevant lesdits conseillers-commis, le nommé Jean-Baptiste Valet, dit Saint Jean, septieme témoin de l'addition d'information du 10 septembre 1774, seroit confronté à l'abbé Froment accusé : comme aussi il a été ordonné quà la même requête & pardevant lesdits conseillers-commis, ceux des témoins entendus dans les informations faites devant Chenon, commissaire, récolés dans leurs dépositions au châtelet, & qui n'ont point été confrontés aux accusés, seroient si besoin étoit, confrontés auxdits accusés, pour le tout fait communiqué à notre procureur-général, être par lui requis, par le maréchal duc de Richelieu pris telles conclusions qu'il aviseroit bon être, & vu par notred. cour être ordonné ce que de raison : au surplus ayant aucunement égard aux requêtes & demandes de ladite de Saint-Vincent & de Guillaume-Basile Canron; il a été ordonné par provision qu'ils seroient relaxés & mis hors des prisons où ils étoient détenus, à les laisser sortir les greffiers & geoliers desdites prisons contraints par corps; quoi faisant, déchargés; à la charge par eux de se représenter en état de prise de corps à toutes les assignations qui leur seroient données en notredite cour pour l'instruction & jugement de leur procès, faisant à cet effet leurs soumissions au greffe, élisans domicile, tous dépens, dommages-intérêts réservés : vu aussi les procédures extraordinaires faites en notredite cour & en exécution dudit arrêt, savoir l'addition d'information faite pardevant Mes Jean-François de Challerange, & Jean-Baptiste-Maximilien-Pierre Titon, conseillers-rapporteurs, les 21, 22, 25, 28 juin & 3 juillet 1776; la prétendue lettre écrite par le maréchal duc de Richelieu à la comtesse de Vane & prétendue signée de lui, produite au procès par ladite de Saint-Vincent par sa requête du 18 août 1775; la sommation faite au maréchal duc de

Richelieu, à la requête de notre procureur-général, par exploit du 15 juin 1776, à comparoître le même jour 5 heures de relevée au greffe criminel de notredite cour, à l'effet de reconnoître ou de nier la lettre ci-dessus énoncée ; le procès-verbal dressé de l'état de ladite lettre ledit jour 15 juin 1775, par Mes Roland de Challerange & Titon, conseillers rapporteurs du procès, en présence de Pierre-Louis de Mauperché, substitut de notre procureur, dudit maréchal duc de Richelieu, & de Bourgeois, procureur, lequel procès-verbal constate sa dénégation formelle de ladite lettre, ses protestations & réserves de rendre plainte en faux principal contre icelle à sa réquisition ; que les lettres cotées 2, 3, 4, 15, 16, 20 & 23 du dépôt de Me Lafitte, non arguées par ledit Maréchal, soient remis & avec les coupons déchiquetés des lettres par lui écrites à la dame de Saint-Vincent, aux experts, pour leur servir de pieces de comparaison, tant pour la vérification de ladite lettre, que pour celle qu'aux termes de l'arrêt du 29 mars 1756, ils doivent faire des autres pieces ci-devant arguées de faux par ledit maréchal duc de Richelieu ; la requête du maréchal duc de Richelieu, tendante à ce que premierement il lui fût donné acte de la plainte en faux principal, qu'il rendoit en notredite cour, contre la lettre prétendue écrite par lui à la comtesse de Vence & prétendue signée de lui, produite au procès par ladite de Saint-Vincent par sa requête du 18 août 1775, de l'état de laquelle il a été dressé procès-verbal par les conseillers-rapporteurs, en présence du substitut de notre procureur-général & dudit maréchal, le 15 juin 1776 : secondement, il lui fût pareillement donné acte de ce qu'il reconnoissoit pour être par lui écrites les lettres & fragmens de lettres cotées 2, 3, 4, 15, 16, 20 & 23 du dépôt fait par Me Lafitte au greffe criminel du châtelet, suivant le procès-verbal dudit dépôt, daté au commencement du deux septembre 1774, signifié audit maréchal à la requête de ladite de Saint-Vincent, par exploit du 10 desdits mois & an ; troisiemement, il lui fût pareillement donné acte de ce que pour pieces de comparaison, tant contre ladite lettre par lui prétendue écrite à la comtesse de Vence que contre les douze billets au porteur, &

les 22 lettres par lui précédemment arguées de faux, dont notredite cour a ordonné une nouvelle vérification: il employoit les lettres & fragmens de lettres ci-dessus cotées du dépôt fait par Me Lafitte, & reconnus par ledit maréchal duc de Richelieu pour être de son écriture; ce faisant, il fût ordonné qu'il seroit informé sur ladite plainte tant par titres que par témoins, comme aussi par comparaison d'écritures & signatures par les mêmes experts commis pour la nouvelle vérification ordonnée par l'arrêt de notredite cour du 29 Mars 1776; à l'effet de quoi lesdites sept pieces reconnues & administrées par le maréchal, seroient remises auxdits experts pour leur servir de pieces de comparaison, tant dans la vérification de la lettre prétendue écrite par ledit maréchal à la comtesse de Vence, que dans celles des signatures & *bon pour* des 12 billets au porteur, & de l'écriture des 22 lettres ci-devant arguées de faux, dont est question au procès; procès verbal préalablement dressé de l'état desdites sept nouvelles pieces de comparaison, par les conseillers-rapporteurs, en présence d'un substitut de notre procureur-général & dudit maréchal, conformément à l'article 17 de l'ordonnance du faux, pour après ladite information faite, être par notre procureur général requis ce que de raison, & par ledit maréchal pris telles conclusions qu'il aviseroit, & sous la réserve de tous ses droits & actions; ladite requête signée à toutes les pages dudit maréchal, & à la fin seulement de Bourgeois, procureur; au bas de laquelle requête est l'ordonnance de notredite cour du 21 juin 1776, portant soit communiqué à notre procureur-général; l'arrêt de notredite cour, toutes les chambres assemblées, suffisamment garnie de pairs, rendu sur les conclusions de notre Procureur-général le 13 juillet 1776, par lequel il a été donné acte au maréchal duc de Richelieu, de la plainte qu'il rendoit en faux principal contre la lettre prétendue écrite par lui à la comtesse de Vence, & prétendue signée de lui, produite au procès par Julie de Villeneuve de Vence, épouse de Jules-Fauris de Saint-Vincent, par sa requête en notredite cour, & signifiée le 18 août 1775, de l'état de laquelle il a été dressé procès-verbal par les conseillers-rapporteurs, en présence de l'un des substituts de notre procureur-général & du maréchal duc de Richelieu, le 15 juin dernier; il lui a pareillement été donné acte de ce qu'il reconnoît pour être par lui écrits les lettres & fragmens de lettres cotées 2, 3, 4, 15, 16, 20 & 23 du dépôt fait au greffe criminel du châtelet par Lafitte, procureur audit châtelet, & de ladite de Saint-Vincent, par procès-verbal des 2 & 3 septembre 1774, signifié au maréchal duc de Richelieu, à la requête de ladite de Saint-Vincent, par exploit du 10 desdits mois & an; il a été permis audit maréchal duc de Richelieu de faire informer des faits contenus en sadite plainte; pardevant les conseillers-rapporteurs, tant par titres que par témoins, même par comparaison d'écritures & signatures, par Rolland & Pollard, jurés-experts que notredite cour a nommés d'office, lesquels experts seroient entendus séparément en déposition par lesdits conseillers rapporteurs; à l'effet de quoi, les susdites lettres ou fragmens de lettres reconnus par ledit maréchal duc de Richelieu, seroient remis auxdits experts pour leur servir de pieces de comparaison, tant dans la vérification de ladite lettre prétendue écrite par ledit maréchal duc de Richelieu à la comtesse de Vence, que dans celles des signatures & bon pour des douze billets au porteur, & de l'écriture des 22 lettres ci-devant arguées de faux, dont étoit question au procès: procès-verbal préalablement dressé de l'état desdites sept nouvelles pieces par lesdits conseillers-rapporteurs, en présence de l'un des substituts de notre procureur-général & dudit maréchal duc de Richelieu, pour lesdits procès-verbal & informations faites, le tout communiqué à notre procureur-général, être par lui requis, par le maréchal duc de Richelieu pris telles conclusions qu'il aviseroit bon être, & vu par notredite cour, être ordonné ce que de raison; il a été ordonné que les instructions ordonnées par ledit arrêt seroient faites même en tems de vacation; le procès-verbal dressé par Mes Rolland de Challerange & Titon, conseillers-rapporteurs, le 23 juillet 1776, de sept lettres & fragmens de lettres cotées 2, 3, 4, 15, 16, 20 & 23 du dépôt fait au greffe criminel du châtelet par Lafitte, procureur audit châtelet, & de ladite Saint-Vincent, par procès-verbal des 2 & 3 septembre 1774, en présence de Me de Mauperché, substitut de notre procureur-général, & de Bourgeois, procureur du maréchal duc de Richelieu, au nom & comme fondé de pouvoir *ad hoc* dudit maréchal, suivant la procuration passée devant.... & son confrere notaire à Paris, le..... & annexé audit procés-verbal, l'information d'experts faite sur ladite lettre pardevant Mes Roland de Challerange & Titon, conseillers, les 27, 28, 29 août, 4, 5, 6 Septembre & 26 octobre 1776; la requête du maréchal duc de Richelieu, tendante à ce qu'en procédant sur la suite de l'instruction du procès, sur la plainte en faux principal par lui rendue & reçue par arrêt du 13 juillet 1776, contre la lettre prétendue écrite par lui à la comtesse de Vence & prétendue signée de lui, produite au procès d'entre lui & Julie de Villeneuve, épouse de Jules de Fauris de Saint-Vincent, & sur l'information ordonnée par ledit arrêt de notredite cour du 13 juillet 1776, dans laquelle ont été entendus les sieurs Rolland & Pallard, jurés-experts nommés d'office par ledit arrêt; il fût donné acte audit maréchal duc de Richelieu de ce qu'il s'en rapporte à la prudence de notredite cour, d'ordonner ce qu'elle jugeroit à propos sur lesdites plaintes & informations, ladite requête signée Bourgeois; l'arrêt de notredite cour, toutes les chambrés assemblés, suffisamment garnie de pairs, rendu sur les conclusions de notre procureur-général le 21 janvier 1777, qui a joint la requête du maréchal duc de Richelieu au fond du procès, pour en jugeant y avoir tel égard que de raison; la requête de Louis-François Armand Duplessis, duc de Richelieu, tendante à ce qu'il fût ordonné que l'arrêt de notredite cour du 29 mars 1776, seroit exécuté selon sa forme & teneur; ce faisant, il fût permis audit maréchal duc de Richelieu, de continuer l'addition d'information encommencée, & d'y faire entendre les témoins qu'il jugeroit nécessaires ainsi qu'il est dit par ledit arrêt: à l'effet de quoi l'ordonnance des conseillers-rapporteurs lui seroit délivrée, & qu'il seroit & demeureroit autorisé à avancer auxdits témoins les frais nécessaires pour subvenir à la dépense de leur voyage, dans la proportion des taxes qui ont été faites par les conseillers-commissaires

missaires aux témoins entendus dans l'instruction par eux faite en exécution de l'arrêt du 7 juillet 1775 ; il fût ordonné pareillement qu'il ne pourroit être assigné d'autres témoins, que ceux qui seroient administrés par notre procureur-général ou par ledit maréchal duc de Richelieu, ou nommés par arrêt de notredite cour, dans tous lesquels cas lesdits témoins ne pourroient être assignés qu'à la requête dud. maréchal ou à la requête de notre procureur-général, si ledit maréchal étoit en demeure de donner lesdits exploits & sommations à lui préalablement faites d'assigner lesdits témoins ; au bas de laquelle requête est l'ordonnance de notredite cour, portant soit communiquée à notre procureur-général ; étant ensuite la requête de Julie de Villeneuve de Vence, épouse de Jules Fauris de Saint-Vincent, tendante à ce qu'il fût ordonné que l'arrêt de notredite cour, intervenu entre ladite de Saint Vincent & le maréchal duc de Richelieu, le 29 mars 1776, seroit exécuté selon sa forme & teneur : ce faisant, & sous la réserve des droits de ladite de Saint-Vincent & de tous autres qu'il appartiendroit, que nonobstant le désaveu fait par le maréchal duc de Richelieu au procès-verbal du 15 juin 1776, de la lettre par lui écrite à la dame comtesse de Vence, laquelle a été produite au procès par requête du 18 août 1775, il seroit procédé sans aucun retardement par les sieurs Rolland & Pollard, jurés-experts écrivains, à la nouvelle vérification ordonnée par ledit arrêt sur les autres pieces de comparaison désignées par icelui ; premiérement, celles admises au procès ; secondement, toutes les signatures de M. le maréchal étant audit procès qui souscrivent ses différentes plaintes & requêtes ; troisiemement, la trente-septieme piece du dépôt fait au greffe criminel du châtelet par Me Lafitte, procureur audit châtelet, par actes des 2 & 3 septembre 1774 ; icelle lettre reconnue par le maréchal dans son mémoire imprimé intitulé : réflexions sur trois lettres importantes produites au procès, & signifié le 15 mars 1776 : lesquelles pieces ci-dessus seroient déclarées suffisantes pour procéder à l'opération de ladite vérification, & seroient à cet effet remises ès mains desd. experts, sans qu'il soit besoin de leur administrer aucuns autres actes sous toutes protestations, néanmoins, en tant que de besoin, contre tout ce que le maréchal de Richelieu peut avoir dit d'étranger audit arrêt du 29 mars 1776, dans ledit procès-verbal du 15 juin, & sous la réserve expresse que faisoit ladite de Saint-Vincent de ses autres droits & actions, & de prendre dans la suite telles autres conclusions qu'il appartiendroit; & en cas de contestation, que ledit maréchal duc de Richelieu fût condamné aux dépens de l'incident; au bas de laquelle requête est l'ordonnance de notredite cour du 11 juillet 1776, portant soit communiquée à notre procureur-général; les conclusions de notredit procureur-général étant ensuite; la requête dudit maréchal duc de Richelieu, tendante à ce qu'il lui fût donné acte de ce que pour réponse à la requête de ladite de Saint-Vincent, imprimée & non signifiée, il employoit le contenu en sadite requête; ce faisant, sans s'arrêter ni avoir égard aux conclusions prises par ladite dame de Saint-Vincent par sa susdite requête, dans lesquelles elle seroit déclarée non-recevable, ou dont en tout cas elle seroit déboutée, les conclusions prises par ledit maréchal de Richelieu par sa requête contenant plainte en faux principal contre la lettre par lui prétendue écrite à la comtesse de Vence, lui fussent adjugées; au bas de laquelle requête est l'ordonnance de notredite cour, du 13 juillet 1776, portant soit communiquée à notre procureur-général, les conclusions de notre procureur-général étant ensuite du même jour; la requête de François de Vedel-Montel, tendante à ce qu'il lui fût donné acte de ce que pour plus ample justification, il produisoit au procès les pieces énoncées en sadite requête, & de ce que par le libelle du duc de Richelieu, intitulé, récapitulation contre le sieur de Vedel & ses complices, signée le maréchal duc de Richelieu & de Desprès, ledit maréchal l'accusoit nommément & directement d'être faussaire, méchant & lâche auteur des lettres fausses, mandats & billets, compositeur de modeles, directeur du calcage; & attendu que le maréchal duc de Richelieu ne prouvoit ni ne pouvoit prouver ce nouveau chef d'accusation aussi calomnieux que les précédentes, il fût pareillement donné acte audit de Vedel-Montel de la plainte qu'il rendoit en notredite cour dudit libelle intitulé, récapitulation : en conséquence il fût déchargé de la nouvelle accusation, que ledit maréchal fût condamné à lui faire réparation, à le reconnoître pour homme d'honneur & de probité, incapable des crimes qu'il lui a témérairement imputés, & à lui en passer acte en forme authentique en présence de douze personnes telles qu'il les voudroit choisir, sinon que l'arrêt à intervenir vaudroit ledit acte ; le duc de Richelieu fût condamné en 500,000 liv. de dommages-intérêts envers ledit de Vedel-Montel, & aux dépens ; il fût ordonné que ledit libelle intitulé récapitulation, seroit & demeureroit supprimé comme injurieux, diffamatoire & calomnieux, & au surplus que les autres conclusions ci-devant prises par ledit de Vedel-Montel, lui fussent adjugées ; au bas de laquelle requête est l'ordonnance de notredite cour du 11 juillet 1776, portant soit communiquée à notre procureur-général ; les conclusions de notre procureur-général étant ensuite ; la requête de ladite dame de Saint-Vincent, tendante à ce qu'il fût ordonné que l'arrêt du 29 mars 1776 seroit exécuté selon sa forme [illegible] teneur, en conséquence, quil seroit procédé & passé o[illegible] aux dépositions, récolemens & confrontations ordonnées par icelui, si fait n'a été, sans qu'il soit besoin d'entendre d'autres témoins, ni permis au maréchal duc de Richelieu d'en administrer aucun autre ; & dans le cas où notredite cour jugeroit que de nouveaux témoins seroient nécessaires, il fût ordonné que ceux qu'elle croiroit devoir être entendus, seroient nommés & désignés par elle-même, & subsidiairement encore si elle permettoit au maréchal duc de Richelieu d'administrer de nouveaux témoins, il lui fût fixé pour tout délai le terme de douze jours, plus que suffisant pour cet effet, passé lequel terme il en seroit déchu, & ne seroit plus admis à en fournir d'autres, sous toutes réserves de droit, & sauf à ladite de Saint-Vincent à prendre dans la suite telles conclusions qu'il appartiendroit : & en cas de contestation, que ledit maréchal de Richelieu fût condamné aux dépens de l'incident ; au bas de laquelle requête est l'ordonnance de notred. cour du 12 juillet 1776, portant soit communiquée à notre procureur-général ; les conclusions de notre procureur-général étant ensuite ; l'arrêt de notredite Cour, toutes les chambres assemblées, suffisamment garnie de Pairs, rendu sur les conclusions de notre procureur-général, le 13 Juillet 1776, par lequel il a été ordonné que l'arrêt d'icelle du 29 Mars 1776, seroit exécuté selon sa forme & teneur : ce faisant, il a été permis au maréchal duc de Richelieu de continuer l'addition d'information encommencée, & d'y faire entendre les témoins qu'il jugeroit nécessaires, & ce sans aucun retardement; à l'effet de quoi l'ordonnance des conseillers-rapporteurs lui seroit délivrée, & que ledit maréchal duc de Richelieu seroit & demeureroit autorisé à avancer auxdits témoins les frais nécessaires pour subvenir à la dépense de leur voyage dans la proportion des taxes qui ont été faites en exécution de l'arrêt du 7 Mai 1775 : il a été ordonné pareillement qu'il ne pourroit être assigné d'autres témoins que ceux qui seroient administrés par notre procureur-général, ou par ledit maréchal duc de Richelieu, ou nommés par arrêt de notredite Cour, dans tous lesquels cas lesdits témoins ne pourroient être assignés qu'à la requête dudit maréchal duc de Richelieu, [illegible]e celle de notre procureur-général, si ledit maréchal étoit en demeure de donner lesdits exploits d'assignation, & sommation à lui préalablement faite à la requête de notre procureur-général, d'assigner lesdits témoins; pour ce fait, le tout communiqué à notre procureur-général, être par lui requis, par le maréchal duc de Richelieu pris telles conclusions qu'il appartiendroit, & vu par notredite Cour être ordonné ce que de raison : les requêtes de ladite de Saint-Vincent & dudit de Vedel-Montel ont été jointes au fond du procès, pour en jugeant y avoir tel égard que de raison; il a été ordonné que les instructions ordonnées par ledit arrêt, & par celui du 29 Mars 1776, seroient faites même en tems de vacation, la continuation de l'addition d'information faite pardevant lesdits Mes Rolland & Titon, conseillers, les 6, 26 Août, 4 Septembre 1776, 31 Janvier, 5, 7, & 17 Février 1777; le récolement des témoins en leurs dépositions fait pardevant Mes Boula de Mont-Godefroy, & Pintrel de Neufchâtel, conseillers, commis par l'arrêt du 29 Mars 1776, les 3, 4, 8, 21, 27 Août, 5, 6 Septembre 1776, 6, 13 & 18 Février 1777 : la confrontation des témoins à François-Antoine Rubit l'aîné, accusé, des 7, 21 Août, 5, 17 & 18 Septembre 1776; autre confrontation des témoins à François de Vedel-Montel, accusé, des 8, 21, 28 Août, 6, 7, 8 & 9 Septembre 1776; autre confrontation des témoins à Antoine-François Balthazard - Marie-Elizabeth de Villeneuve Flayosc, accusé, des 8 & 28 Août 1776; autre confrontation des témoins à Jean-Baptiste Benavent, accusé, des 27 Août, 10 & 14 [illegible]mbre 1776; autre confrontation des témoins à Julie de Villeneuve de Vence, épouse de Jules Fauris de Saint-Vincent, accusée, des 27 Août, 7 & 10 Septembre 1776, 3, 13, 14 & 18 Février 1777 : la confrontation de Jean-Baptiste Valet, dit Saint-Jean, à Gabriel Marc Froment, accusé, des 11 Juillet 1776 : vu aussi les différentes pieces annexées par les témoins lors de leurs dépositions, récolements & confrontations aux accusés, l'information de Rolland & Pollard, experts entendus en dépositions sur les douze billets & vingt-deux lettres ou fragmens de lettres pardevant maîtres Rolland & Titon, conseillers-rapporteurs, les 12, 13, 14, 16, 19, 20, 21, 22, 23, 26, 27 Août; 4, 5, 9, 10, 11, 12, 13, 14, 17, 18, 19, 20, 24, 25, 26, 27, 28 Septembre; 1, 2, 3, 4, 5, 10, 11, 12, 15, 16, 17, 18 & 25 Octobre 1776; le récolement desdits experts en leurs dépositions, fait pardevant Mes Boula & Pintrel, conseillers-commissaires, le 18 Décembre 1776; la confrontation desdits experts à la dame de Saint-Vincent, des 7 & 9 Février 1777; autre confrontation desdits experts à Jean-Baptiste Benavent, des 8, 10 & 14 dudit mois de Janvier 1777, ensemble les deux pieces annexées par ledit Benavent à ladite confrontation à la séance dudit jour 14 Janvier 1777 : autre confrontation desdits experts à Antoine-François-Balthazard-Marie-Elizabeth de Villeneuve Flayosc, des 9 & 14 dudit mois de Janvier 1777 : autre confrontation desdits experts à François-Antoine Rubit l'aîné, accusé, des 9 & 11 Janvier 1777 : autre confrontation desdits experts à Alexandre Marie de Villeneuve Trans, accusé, des 10 & 14 dudit mois de Janvier dernier : autre confrontation desdits experts à Marie-Anne Bréard, veuve Leroy, accusée, des 10

& 15 dudit mois de Janvier : autre confrontation desdits experts à Claude Guillaume Boucher de Préville, des 10 & 15 du même mois de Janvier : autre confrontation desdits experts à Guillaume Bazile Canron, accusé, des 11 & 14 du même mois de Janvier 1777 : autre confrontation desdits experts à François de Vedel-Montel, accusé, des 15, 16, 17, 18, 23, 25, 27, 30, 31 Janvier; 1, 3, 4, 5, 7, 8, 14, 15, 16, 17 & 18 Févri[illegible] : la requête du maréchal duc de Richelieu, tendante à ce qu'il lui fût donné acte de la plainte qu'il rendoit en notredite Cour par addition à ses précédentes, des faits énoncés en sadite requête : ce faisant, il fût permis audit duc de Richelieu de faire informer par addition desdits faits pardevant les conseillers-rapporteurs, tant par titres que par témoins, même par comparaison d'écritures, & par la déposition des experts s'il y échoit; & dans le cas où les rescriptions & les lettres arguées seroient représentées, à cet effet il fût ordonné que tous porteurs ou dépositaires de rescription signée Begon, valeur reçue du duc de Richelieu, payables à l'ordre de la dame de Saint-Vincent, autres que la rescription unique qui a été acquittée par le sieur de Samboey, ou de prétendues lettres écrites ou signées du duc de Richelieu, & adressées à la dame de Saint-Vincent à Milhaud, seroient apportées au greffe criminel de notredite Cour pour y être déposées; à quoi faire tous porteurs ou dépositaires desdites pieces seroient contraints par toutes voies, même les dépositaires publics, par corps, à la premiere sommation qui leur en seroit faite, conformément à l'article 5 de l'ordonnance de 1737; quoi faisant, déchargés; pour lesdites pieces servir à la conviction & à l'instruction du procès ce que de raison; il fût permis audit duc de Richelieu de faire saisir & revendiquer chez les personnes qui seroient par lui indiquées, tant lesdites rescriptions & lettres fausses que le cachet à ses armes, que la dame de Saint-Vincent a fait graver à Milhaud, pour le tout être apporté au greffe criminel de notredite Cour, & servir à conviction : il fût ordonné que les témoins entendus à Milhaud au châtelet ou en notredite Cour, dans les informations faites sur les précédentes plaintes du duc de Richelieu, pourroient être entendus de nouveau sur les faits contenus en ladite plainte, pour ladite addition d'information faite & communiquée à notre procureur-général, être par lui requis, & par le duc de Richelieu pris telles conclusions qu'il appartiendroit, & par notredite Cour ordonné ce que de raison, sous la réserve de tous les droits & actions du duc de Richelieu : ladite requête signée à toutes les pages & à la derniere, tant dudit duc de Richelieu que de Bourgeois, procureur; au bas de laquelle requête est l'ordonnance de notredite Cour, du 18 Décembre 1776, portant soit communiquée à notre procureur-général : l'arrêt de notredite Cour, toutes les chambres assemblées suffisamment garnies de Pairs, rendu le 21 Janvier 1777, par lequel la plainte du duc de Richelieu a été jointe au fond du procès pour y être statué en jugeant ce que de raison : la requête de Julie de Villeneuve de Vence, épouse de Jules Fauris de Saint-Vincent, tendante à ce que, sans s'arrêter à la nouvelle plainte qu'elle vient d'apprendre que le maréchal duc de Richelieu veut encore rendre contre elle, laquelle ne peut être relative au procès soumis à la décision de notredite Cour, & qui en tout cas auroit dû être comprise dans l'instruction que l'arrêt du mois de Juillet a ordonné être faite sans retardation du jugement, sans s'arrêter pareillement à toute nouvelle instruction que le maréchal duc de Richelieu voudroit & prétendroit faire, même en vertu dudit arrêt du mois de Juillet dernier, il fût ordonné qu'il seroit procédé & passé outre au jugement dudit procès en la maniere accoutumée; & en cas de contestation, que le maréchal duc de Richelieu fût condamné aux dépens, sans préjudice & sous la réserve expresse que fait ladite de Saint-Vnicent de tous ses autres droits, moyens, actions & prétentions; au bas de laquelle requête est l'ordonnance de notredite Cour, portant soit montrée à notre procureur-général, & la signification desdites requête & ordonnance à Bourgeois, procureur, du 21 Janvier 1777 : l'arrêt de notredite Cour, toutes les chambres assemblées, suffisamment garnie de Pairs, rendu sur les conclusions de notre procureur-général, ledit jour 21 Janvier 1777, par lequel la requête de ladite de Saint-Vincent a été jointe au fonds du procès, pour en jugeant y avoir tel égard que de raison : la requête de la dame de Saint-Vincent, tendante à ce qu'il plût à notredite Cour en premier lieu, attendu que le chevalier de Tauriac avoit été assigné à la requête de notre procureur-général, & que sa santé ne lui permettoit pas de se rendre à Paris pour déposer, il fût ordonné que ledit chevalier de Tauriac seroit entendu par tel juge royal qu'il plairoit à notredite Cour de commettre à cet effet, lequel seroit autorisé à se transporter, accompagné de son greffier, en la maison & domicile dudit chevalier de Touriac, pour y recevoir sa déposition qui seroit envoyée au greffe de notredite Cour, & icelle jointe au procès pour y avoir tel égard que de raison, si mieux n'aimoit notredite Cour commettre tel conseiller qu'il lui plairoit, pour se transporter audit domicile du chevalier de Tauriac, & y recevoir sa déposition : en second lieu, attendu que l'arrêt interlocutoire du 29 Mars dernier avoit reçu sa pleine & entiere exécution, que tous les témoins & experts dénommés audit arrêt ont été entendus, récolés & confrontés, & qu'ainsi celui du 13 Juillet aussi dernier se trouvoit avoir aussi reçu toute son exécution ; il fût ordonné que la permission accordée au maréchal duc de Richelieu par ledit arrêt, de produire des témoins dans l'addition d'information dont il s'agit, sans aucune retardation du jugement du procès auroit son effet, en conséquence, que défenses seroient faites au maréchal de Richelieu, de plus faire entendre aucuns témoins directement ni indirectement, en vertu dudit arrêt du 13 Juillet dernier, & de tous autres dont il pourroit se prévaloir, si ce n'est qu'il n'en obtienne une permission expresse de notredite Cour ; & au surplus il fût ordonné qu'il seroit incessamment procédé à la visite & au jugement du procès, à l'effet de quoi il plairoit à notredite Cour fixer le jour de l'assemblée, de l'avis toutefois de nos gens & des rapporteurs ; & en cas de contestation .... que ledit duc de Richelieu fût condamné aux dépens de l'incident, sans préjudice à ladite de Saint-Vincent de ses autres droits & actions, & sauf à elle à prendre dans la suite telles autres conclusions qu'il appartiendroit ; au bas de laquelle requête est l'ordonnance de notredite

notredite Cour, du 26 Février 1777, portant ſoit communiqué à notre procureur-général, & ſignifiée à la partie civile, & la ſignification desdites requête & ordonnance à Bourgeois, Procureur, du même jour : la requête du maréchal duc de Richelieu, tendante à ce qu'il lui fût donné acte de ce que, pour réponſe à la requête de la dame de Saint-Vincent, du 26 Février dernier, & en tant que de beſoin, pour fins de non-recevoir & défenſe contre la demande y portée, il employoit le contenu en ſadite requête ; ce faiſant, il lui fût donné acte de ce qu'il s'en rapportoit à la prudence de notredite Cour, de ſtatuer ce qu'elle aviſeroit bon être ſur la néceſſité ou inutilité d'entendre en dépoſition le ſieur de Tauriac : dans le cas où notredite Cour le jugeroit indiſpenſable, il fût ordonné que, conformément aux diſpoſitions des ordonnances, ledit Tauriac ſeroit réaſſigné en la maniere accoutumée : il lui fût pareillement donné acte de ce qu'il conſentoit à ne plus faire entendre aucuns témoins, ſans y être ſpécialement autoriſé par notredite Cour, ſuivant le conſentement donné à cet égard par la dame de Saint-Vincent, par ſa requête dudit jour 26 Février dernier : il fût donné acte audit maréchal duc de Richelieu, de ce qu'il s'en rapportoit entiérement à la prudence de notredite Cour, de décider s'il y avoit lieu ou non de commencer la viſite du procès ; ladite de Saint-Vincent fût déclarée non-recevable dans le ſurplus de ſes demandes portées en ſadite requête du 26 Février dernier ; en tout cas, elle en fût déboutée & condamnée aux dépens de l'incident envers le maréchal duc de Richelieu, qui ſe réſervoit expreſſément tous ſes droits & actions ; au bas de laquelle requête eſt l'ordonnance de notredite Cour du 3 Mars 1777, portant ſoit communiquée à notre procureur-général, & ſignifiée à partie, & la ſignification deſdites requête & ordonnance à le Sénéchal, procureur, du même jour : autre requête de la dame de Saint-Vincent, tendante à ce qu'en expliquant & augmentant les concluſions priſes par elle par ſa précédente requête du 26 Février dernier, il lui fût donné acte de ce qu'elle s'en rapportoit à la prudence de notredite Cour, de ſtatuer ce qu'elle aviſeroit bon être ſur la néceſſité ou inutilité d'entendre en dépoſition le ſieur de Tauriac ; & dans le cas où notredite Cour le jugeroit indispensable, les conclusions prises à cet égard par ladite de Saint-Vincent, par sa requête du 26 Février dernier, lui fussent adjugées sous la réserve de tous ses droits & actions, & sauf à elle à former dans la suite telles demandes qu'il appartiendroit; au bas de laquelle requête est l'ordonnance de notredite Cour du 3 Mars 1777, portant soit communiquée à notre procureur-général, & signifiée à partie, & la signification desdites requête & ordonnance à Bourgeois, procureur, du 4 dudit mois de Mars : l'arrêt de notredite Cour, toutes les chambres assemblées suffisamment garnies de Pairs, rendu sur les conclusions de notre procureur-général, ledit jour 4 Mars 1777, par lequel lesdites trois requêtes ont été jointes au fond du procès, pour en jugeant y avoir tel égard que de raison. La requête de Marie-Anne Bréard, veuve de Jacques-Joseph Leroy, tendante à ce qu'en procédant au jugement du procès d'entre les parties, les conclusions que ladite veuve Leroy y avoit prises lui fussent adjugées, & y augmentant, le maréchal duc de Richelieu fût condamné en 100,000 livres de dommages-intérêts envers ladite veuve Leroy, résultans des pertes que son injuste détention dans les prisons pendant onze mois, lui a causées dans son commerce & dans son crédit; il fût ordonné que les termes injurieux & calomnieux répandus dans les mémoires du maréchal duc de Richelieu contre l'honneur & la réputation de ladite veuve Leroy, seroient rayés & biffés par le greffier de notredite Cour, dont seroit dressé procès-verbal en marge duquel mention seroit faite de l'arrêt à intervenir, lequel seroit imprimé, lu, publié & affiché, jusqu'à concurrence de trois cens exemplaires, aux frais du maréchal duc de Richelieu; & que ce dernier fût condamné aux dépens, sauf & sans préjudice à ladite veuve Leroy de tous ses droits & actions; au bas de laquelle requête est l'ordonnance de notredite Cour du 16 Avril 1777, par laquelle il a été réservé à y être fait droit en jugeant, & la signification desdites requête & ordonnance du même jour à Bourgeois, procureur : la requête du maréchal duc de Richelieu, tendante à ce qu'en procédant au jugement du procès d'entre les parties, les fins & conclusions qu'il a prises contre la dame de Saint-Vincent, & les autres recusés y dénommés par sa requête du 12 Janvier 1776, signifiées à toutes les parties les 25 dudit mois, & 23 Mars suivant, lui fussent adjugées, & icelles reprenant, y ajoutant & y augmentant, attendu les preuves résultantes de la procédure extraordinaire faite sur ses plaintes en faux principal, & autres rendues par ledit maréchal de Richelieu, soit devant les juges du châtelet, soit en notredite Cour contre la dame de Saint-Vincent, & ses complices & adhérents, sans s'arrêter n'y avoir égard aux différentes requêtes & demandes des parties accusées & décrétées, ni aux plaintes en subornation de témoins & en interception des lettres, non plus qu'à la dénonciation du prétendu rapport de séduction & de violence commises par le duc de Richelieu en la personne de la dame de Saint-Vincent, dans lesquelles ladite dame de Saint-Vincent & tous les autres accusés seroient chacun à leur égard déclarés non-recevables & mal-fondés; faisant droit sur les plaintes rendues par ledit maréchal duc de Richelieu, les 27 Juillet, 20 Août, 5 & 18 Septembre, 11 Octobre & 6 Décembre 1774, 8 & 13 Mai mil sept cent soixante-quinze, 13 Juillet 1776, & 21 Janvier 1777, ensemble sur les diverses requêtes dudit maréchal duc de Richelieu, & y ayant égard, en conséquence des charges résultantes du procès, premièrement déclarer faux & faussement attribués au maréchal duc de Richelieu les signatures & constatés ou *bon pour*, apposés au bas des douze billets dont est question, savoir, le premier de soixante mille livres, en date du 13 novembre 1773, négocié au sieur Boucher de Preville; le second, du premier Mars 1774, de trente mille livres; le troisieme, du 15 Janvier 1774, de vingt mille livres (ces deux derniers représentés par l'abbé de Villeneuve-Flayosc lors de son interrogatoire du 18 Août 1774); le quatrieme, du 8 Mai 1774, de vingt mille livres; le cinquieme, du 4 Avril 1774, de trente-cinq mille livres; le sixieme, de vingt-cinq mille livres, du 15 Mars 1774 (ces trois derniers faisant en total la somme de quatre-vingt mille livres, négociés au Sr Rubit); le septieme, du 13 novembre 1773, de soixante mille livres; le huitieme, du 15 décembre 1773, de quarante mille livres; le neuvieme, du premier Janvier 1774, de trente-cinq mille livres; le dixieme, du premier Février 1774, de quaxante-cinq mille livres ; le onzieme, du 15 Février 1774, de vingt-cinq mille livres, ces cinq derniers déposés au greffe criminel du châtelet par Me Lafitte, procureur audit châtelet & de la dame de Saint-Vincent ; le douzieme & dernier, du 15 décembre 1773, de vingt mille livres, (faisant la septieme piece de la seconde liasse des papiers trouvés dans les poches de Benavent, lors de sa capture), lesdits douze billets signés *M. le M. . . . . . duc de Richelieu*, & faisant ensemble la somme de quatre cens vingt-cinq mille livres : secondement, déclarer pareillement fausses & faussement attribuées au duc de Richelieu, l'écriture & les signatures des vingt-deux lettres dont est question : savoir, les 5, 6, 7, 8, 9, 10, 11, 12, 13, 14, 18, 26, 27, 28, 29, 30, 31, 32, 33 & 34e pieces de celles déposées au greffe criminel du châtelet par Me Lafitte, procureur de la dame de Saint Vincent, les 2 & 3 septembre 1774 ; la douzieme piece de la premiere liasse des papiers trouvés sous les scellés apposés par le Commissaire Chenon chez ladite dame de Saint-Vincent, le 25 Juillet 1774, & déposés ensuite au greffe criminel du châtelet ; les deux lettres attribuées audit duc de Richelieu, & lesquelles ont été annexées par l'Abbé de Villeneuve-Flayosc, à son interrogatoire ; enfin la lettre prétendue signée par le duc de Richelieu, & laquelle faisoit partie des papiers trouvés dans les poches de Benavent, lors de sa capture, faisant toutes lesdites lettres, ensemble vingt-deux pieces ; troisiemement, attendu les preuves acquises au procès de l'existence, premierement, de deux mandats, chacun de cent mille écus, au bas desquels étoient de prétendues signatures du duc de Richelieu ; secondement, d'une fausse acceptation du sieur Peixotto, apposée au bas desdits mandats ; troisiemement, d'un prétendu billet au porteur, de cent mille écus, au bas duquel étoit pareillement apposée une prétendue signature dudit duc de Richelieu, lesquels mandats & billets ont été déclarés par ladite de Saint-Vincent avoir été par elle supprimés ; quatriement, l'existence aussi de la lettre relative à la prétendue paternité attribuée audit duc de Richelieu & prétendue écrite par lui à la dame de Saint-Vincent, attendu pareillement les preuves qui doivent être acquises par la nouvelle instruction qu'il a été fabriqué par la dame de Saint-Vincent de fausses rescriptions, sous la signature supposée du sieur Begon, & qu'elle a fait fabriquer à Milhaud un cachet aux armes du duc de Richelieu ; & parce que ces faux sont nécessairement partie des plaintes en faux principal, rendues par le duc de Richelieu contre les billets & lettres par lui argués de faux, circonstances & dépendances, sur lesquels il a été permis au duc de Richelieu d'informer par addition, par lesdits arrêts de notredite cour des 29 Mars & 13 Juillet 1776, comme ayant un rapport indivisible avec lesdits faux, dont plusieurs ne sont même que le principe, la suite & la conséquence de ceux-ci, déclarer pareillement faux & faussement attribués au duc de Richelieu lesdits deux mandats, ledit billet au porteur, de cent mille écus ; déclarer pareillement faux le cachet aux armes du duc de Richelieu, fabriqué à Milhaud ; les rescriptions signées Begon, ensemble les acceptations signées Peschot & Peixotto, apposées au bas des deux prétendus mandats de trois cens mille livres chacun ; quatriemement, déclarer pareillement fausse & faussement attribuée au duc de Richelieu la lettre reconnue par Benavent lui avoir été montrée par lad. dame de Saint-Vincent, dans laquelle ledit duc de Richelieu étoit supposé lui promettre de lui envoyer de Bordeaux pour quatre-vingt mille livres de nouveaux billets, laquelle lettre ladite dame de Saint-Vincent a déclaré ne lui avoir pas été écrite par ledit duc de Richelieu ; cinquiemement, déclarer pareillement fausse & faussement attribuée au duc de Richelieu la prétendue lettre sur la paternité supposée avoir été par lui écrite, laquelle a été montrée au sieur de Maziere & autres, par le procureur au châtelet, qui occupoit pour la dame de Saint-Vincent ; sixiemement, déclarer pareillement faussement attribuée au duc de Richelieu la lettre prétendue écrite par lui à la comtesse de Vence & prétendue signée de lui, laquelle la dame de Saint-Vincent a produite au procès par sa requête du 18 Août 1775 ; septiemement, ordonner qu'au lieu de la radiation ou lacération & suppression des pieces déclarées fausses ; indiquées par l'article 59 de l'Ordonnance de 1737, lesdits billets au porteur & lettres qui auront été déclarées fausses, continueront de demeurer déposés au greffe criminel de notredite cour, pour lesdits billets au porteur & lettres qui auront été déclarés faux, servir de pieces de comparaison & de conviction dans le cas où il viendroit à être présenté des effets & lettres de pareille nature; huitiemement, ordonner que les minutes des actes signés du duc de Richelieu, qui ont été déposés au greffe criminel du châtelet par Me Dumoulin & Arnould, notaires au châtelet, pour servir de pieces de comparaison, lesquelles ont été apportées depuis au greffe criminel de notredite cour, seront rendues auxdits notaires; à quoi faire les greffiers criminels de notredite cour seroient contraints; quoi faisant, ils en seront & demeureront bien & valablement déchargés; neuviemement, en tant que touchoit la dame de Saint-Vincent & le sieur Vedel, ils fussent déclarés atteints & convaincus, savoir, ladite dame de Saint-Vincent, d'avoir malicieusement & méchamment machiné la fausse imputation faite au duc de Richelieu d'une paternité relative à un enfant, dont, selon elle, elle seroit accouchée à Poitiers, & d'avoir à cet effet fabriqué ladite lettre prétendue écrite par ledit duc de Richelieu, laquelle elle avoit remise en original à Me Lafitte, son procureur au châtelet, & de laquelle elle lui a donné décharge, lesquels faits doivent être constatés dans la déposition ou récolement dudit de Lafitte, en exécution de l'Arrêt dud. jour 29 Mars 1776, & de laquelle lettre elle a avoué la fausseté par l'article trente de son second interrogatoire au châtelet; & le sieur Vedel, d'avoir sciemment connivé à ladite machination, d'avoir cherché à accréditer cette fausse imputation . . . . ; de l'avoir présentée comme l'objet des prétendues confidences faites au sieur de Vedel par ledit duc de Richelieu; l'occasion & le principe des prétendues libéralités qu'on suppose avoir été exercées par ledit duc de Richelieu, tant envers ladite dame de Saint-Vincent, qu'envers ledit sieur de Vedel; dixiemement, en tant que touchoit ladite dame de Saint-Vincent, lesdits sieurs Vedel, Benavent & Canron, sans s'arrêter au procès-verbal de vérification fait le 20 mars 1776, du mot rayé dans la piece cotée 37 du dépôt de Lafitte, ladite dame de Saint-Vincent, ledit Vedel, & lesdits Benavent & Canron, fussent déclarés atteints & convaincus, savoir, la dame de Saint-Vincent d'être, par elle & par personnes à elle affidées, l'auteur de tous lesdits faux énoncés dans les plaintes & requêtes du duc de Richelieu; le sieur Vedel complice desdits faux, comme y ayant coopéré & en ayant été sciemment l'objet principal, ayant concouru aux négociations clandestines, précipitées & frauduleuses qui ont été faites de la majeure partie desdits faux billets au porteur, & en ayant profité; Benavent d'être complice & agent de l'exécution des faux en question, & d'être un des principaux auteurs des négociations frauduleuses & clandestines desdits billets qu'il savoit faux; & Canron d'être l'auteur de la fausse acceptation mise au bas de l'un des mandats; en conséquence, ils fussent condamnés solidairement en tels dommages-intérêts qu'il plairoit à notredite cour fixer, applicables, du consentement du duc de Richelieu, au pain des prisonniers de la conciergerie du palais à Paris, & au profit des pauvres des villes de Milhaud, Tarbes & Poitiers; onziemement, en ce qui touchoit l'abbé de Villeneuve Trans, l'abbé Froment, l'abbé de Villeneuve Flayosc, Rubit, la veuve Leroy, Dubois, Boucher de Preville, & Alléon Desgouttes; il fût donné acte audit duc de Richelieu de ce qu'il s'en rapportoit à la prudence de notredite cour d'appliquer à chacun desdits accusés les condamnations de dommages-intérêts, ou autres qu'elle croiroit convenable au genre de conduite téméraire, indiscrette & suspecte, qu'ils ont tenue, & qui ont déterminé les différens décrets qui ont été prononcés contr'eux; douziemement, il fût ordonné que les mémoires & toutes les requêtes imprimés & distribués par les accusés & autres, seroient & demeureroient supprimées comme contenant des expressions & imputations injurieuses, fausses, calomnieuses, & attentatoires à l'honneur du duc de Richelieu, sauf à notre procureur général à prendre telles autres conclusions qu'il aviseroit pour la vindicte publique des délits dont il s'agit, & pour le maintien du bon ordre & du respect public violé dans lesdits mémoires & requêtes; treiziemement, ladite de Saint-Vincent, ledit Vedel, Benavent & Canron, fussent condamnés solidairement & par corps envers ledit duc de Richelieu, à titre de réparation civile, en tous les dépens faits au châtelet, autres que des procédures déclarées nulles & incompétentes par les arrêts de notredite cour des 23

& 24 mai 1775, & généralement en tous ceux faits en notredite cour, sur les plaintes & sur toutes les demandes jointes au fond par les différens arrêts de notredite cour, & en ceux faits & à faire en exécution desdits arrêts contre toutes les parties; en tous cas, lesdits abbé de Villeneuve Flayosc, Rubit, la veuve Leroy, Dubois, l'abbé de Villeneuve Trans, l'abbé Froment, le sieur Boucher de Preville & le sieur Alléon Desgouttes, fussent condamnés auxdits dépens faits contre eux, chacun à leur égard; il fût ordonné que l'arrêt à intervenir seroit imprimé & affiché en la ville de Paris, & partout ailleurs au nombre de trois mille exemplaires aux frais solidaires de ladite de Saint-Vincent, du sieur de Vedel, de Benavent & de Canron, sous la réserve que faisoit ledit duc de Richelieu de tous autres dus, droits & actions, & de prendre dans la suite, s'il y échéoit, toutes autres fins & conclusions qu'il appartiendroit; au bas de laquelle requête est l'ordonnance de notredite cour du 21 avril 1777, par laquelle il a été réservé à y être fait droit en jugeant, & la signification desdites requête & ordonnance du même jour, à le Sénéchal, Morise, Compain, Japiot, de la Val, de Haullon, pour Moreau & Berton, procureurs; le mémoire imprimé pour Claude Etienne Alléon Desgouttes, & signifié le 25 avril 1777 à Bourgeois, procureur: la requête de Claude-Etienne Alléon Desgouttes, tendante à ce qu'en procédant au jugement du procès d'entre les Parties, les conclusions qu'il a prises contre son seul accusateur, M. le maréchal de Richelieu, portées par sa requête du 16 mars 1776, signifiée à notre procureur-général, lui fussent adjugées, & en les reprenant, y ajoutant & augmentant, en le recevant appellant du décret d'assigné pour être ouï, décerné contre lui le 23 août 1774, & de tout ce qui a précédé & suivi, l'appellation & ce, fussent mis au néant, émendant, le tout fût déclaré nul, vexatoire, calomnieux; & attendu qu'il n'y avoit pas contre lui la moindre preuve du moindre délit dans ceux imputés à ladite de Saint-Vincent & les autres co-accusés, que son innocence étoit même entierement reconnue par le maréchal duc de Richelieu lui-même, puisque par ses requêtes du 12 Janvier & 19 dudit mois d'avril, il s'en rapportoit à son égard à la prudence de notredite cour, il fût donné acte audit Alléon Desgouttes,

gouttes, de ladite déclaration & de ce qu'il employoit pour moyens d'atténuation & faits justificatifs, le contenu en sa requête du 16 mars 1776, en sa présente requête & en son mémoire imprimé signifié audit maréchal de Richelieu, le 25 avril 1777, & tout ce qu'il plairoit à notredite cour suppléer de droit & d'équité; en conséquence, sans s'arrêter aux différentes requêtes & demandes dudit sieur duc de Richelieu, dans lesquelles il seroit déclaré non-recevable, où dont en tout cas il seroit débouté, il fût condamné en 50,000 livres de dommages & intérêts, & en plus forte somme qu'il plairoit à notredite cour arbitrer; résultantes, 1°. de ladite téméraire & calomnieuse accusation; 2°. dudit décret qui, quoique léger, devenoit très-grave en la personne d'un avocat, dont une pareille tache offensoit grièvement la délicatesse; 3°. de la diffamation promulguée contre lui par les mémoires imprimés dudit sieur maréchal, qui l'ont affiché dans le public comme un être vil & méprisable, qui n'étoit plus revêtu de son caractere d'avocat, proscrit, rejetté du sein de son ordre, tandis qu'il en étoit toujours un des membres subsistans, n'y ayant point été cité ni jugé, & n'étant ni rayé ni rayable du tableau, où il n'a cessé d'être que par sa retraite purement volontaire depuis près de dix ans, pour passer le reste de ses jours dans sa province; 4°. du préjudice irréparable que ledit Alléon Desgouttes a éprouvé dans son état, & dans sa fortune depuis l'existence de cette affaire, qui le retenoit à grands frais dans la capitale, & lui occasionnoit beaucoup de frais; il fût ordonné que les termes injurieux répandus contre son honneur & réputation dans les mémoires, tels qu'il les a désignés dans la précédente requête & dans son mémoire imprimé, seroient rayés & supprimés; & dans le cas où le maréchal parviendroit à faire adopter son système, qu'il n'étoit point responsable dudit décret, & qu'il ne tenoit son accusation que de la justice, il fût permis en ce cas & non autrement audit Alléon Desgouttes, de prendre à partie le juge qui a décerné aussi inconsidérement ledit décret; ledit maréchal fût condamné en tous les dépens, tant des causes principales que d'appel & demande; il fût ordonné l'impression, la publication & l'affiche de l'arrêt à intervenir, tant à Paris que dans la province du Lyonnois, Forest & Beaujolois, & dans toute l'étendue des jurisdictions dudit Alléon Desgouttes, au nombre de six mille exemplaires, aux frais & dépens dudit maréchal, sans préjudice d'autres dus, droits & actions, & sauf à se pourvoir par toutes autres voies qu'il aviseroit, contre qui il appartiendroit: au bas de laquelle requête est l'ordonnance de notredite cour, du 26 avril 1777, portant en jugeant & soit communiquée, & la signification desdites requête & ordonnance à Bourgeois procureur, du même jour: la requête de Gabriel-Marc Froment, tendante à ce qu'en procédant au jugement du procès criminel, intenté par le maréchal duc de Richelieu, contre la dame de Saint-Vincent, dans lequel ledit abbé Froment a été impliqué, accusé & décrété le 14 août 1774, l'accusation à son égard fût déclarée nulle, injurieuse & calomnieuse; il fût déchargé purement & simplement de ladite accusation; le maréchal de Richelieu fût condamné en cent mille livres de dommages-intérêts envers ledit abbé Froment, résultant des voyages, déboursés & faux frais que ledit abbé Froment a été obligé de faire au sujet du procès, ou telle autre somme qu'il plairoit à notredite cour; ledit maréchal duc de Richelieu fût condamné en tous les dépens envers ledit abbé Froment, sous la réserve expresse de tous ses droits & actions, & de prendre dans la suite telles autres conclusions qu'il appartiendroit: au bas de laquelle requête est l'ordonnance de notredite cour, du 25 avril 1777, portant en jugeant & soit communiquée, & la signification desdites requête & ordonnance à Bourgeois procureur, du lendemain 26: la requête de Guillaume-Boucher de Preville, tendante à ce qu'il lui fût donné acte de ce que, pour défenses aux accusations contre lui formées de la part du maréchal duc de Richelieu, il employoit les moyens expliqués notamment par la derniere requête qu'il a fait imprimer & signifier aux risques & périls de la partie qui succomberoit, le contenu en ladite requête, & ce qu'il avoit ci-devant dit; ce faisant procédant au jugement du procès, attendu premierement, que tout ce qui avoit rapport au faux dont on soutient que les billets dont il s'agit sont infectés, ne pouvoit intéresser ledit Boucher de Preville, directement ni indirectement; secondement, que ledit Boucher de Preville a intenté une procédure civile très-légitime; qu'il n'a point dû être compliqué dans la procédure sur le faux; troisiemement, que ledit Boucher de Preville s'étoit borné en notredite cour à une légitime défense, & qu'il ne méritoit point le reproche d'avoir dit des injures, puisque ledit Boucher de Preville s'étoit contenté de donner sa requête sans publier aucun mémoire, d'où il résultoit que c'étoit mal-à-propos que le maréchal de Richelieu prenoit des conclusions à ce sujet contre ledit Boucher de Preville, comme il avoit fait contre les autres accusés, auxquels il reprochoit de l'avoir injurié; le maréchal de Richelieu fût déclaré non-recevable dans toutes ses demandes, où en tout cas il en fût débouté & condamné aux dépens; & sans déroger aux conclusions ci-dessus, il fût donné acte audit Boucher de Preville, de ce qu'en persistant dans les précédentes dénonciations, il sommoit & dénonçoit à la dame de Saint-Vincent les requêtes & demandes du maréchal duc de Richelieu, à ce qu'elle n'en ignorât, & ait à faire juger valable le billet de soixante mille livres dont il s'agit; sinon & dans le cas où ledit billet seroit déclaré faux, & sans être déclaré faux, seroit déclaré nul, lad. dame de Saint-Vincent fût condamnée de rembourser audit Boucher de Preville la somme de soixante mille livres pour le montant du billet dont il s'agit, dont elle a reçu la valeur; à quoi faire elle seroit contrainte; les conclusions qu'il a prises contre la dame de Saint-Vincent, par sa requête du 22 mars 1776 lui fussent adjugées; ladite de Saint-Vincent fût condamnée aux dépens; en tous cas le maréchal duc de Richelieu & ladite dame de Saint-Vincent, ou celui qui succomberoit, fût condamné en tous les dépens, dommages & intérêts, auxquels ledit Boucher de Preville avoit conclu, & en ceux de ladite demande: au bas de laquelle requête est l'ordonnance de notredite cour, du 28 avril 1777, portant en jugeant & soit communiquée, & la signification desdites requête & ordonnance à Bourgeois & le Sénéchal procureurs, du même jour: la requête de Guillaume-Bazile Canron, tendante à ce qu'en procédant au jugement du procès criminel pendant en notredite cour, au rapport de Mes Rolland de Challerange & Titon, conseillers, sur les différentes plaintes & accusations du maréchal duc de Richelieu, il fût donné acte audit Canron de la rétractation faite par le maréchal duc de Richelieu, de l'accusation par lui formée contre ledit Canron, de fabrication & complicité de fabrication des billets & lettres par lui argués de faux, page 20 d'un écrit qui a pour titre, *précis pour M. le maréchal duc de Richelieu, pair de France*; contre les sieurs Vedel-Montel, Benavent, &c. & conçu en ces termes: « à » l'égard de Canron, l'information de Milhaud & les lettres » de madame de Saint-Vincent, ont dû le rendre suspect » d'avoir une grande connoissance des manœuvres de cette » dame: il ne paroît pas à la vérité que depuis la fausse accep- » tation dudit sieur Peixotto sur les mandats, il ait été initié » dans les autres faux »; ce faisant, l'appellation & ce dont étoit appel fussent mis au néant; émendant, en tant que touchoit la plainte du duc de Richelieu contre ledit Canron, en fabrication & complicité de fabrication des billets & lettres dont il s'agit, ladite plainte & tout ce qui avoit suivi fussent déclarés nuls, tortionnaires, vexatoires, injurieux & déraisonnables, ledit Canron fût déchargé de l'accusation contre lui intentée à cet égard par le maréchal duc de Richelieu; il fût ordonné que ledit Canron seroit relaxé & mis hors des prisons, & que les écrous faits de sa personne dans lesdites prisons du fort-l'évêque, de la conciergerie du palais & de l'abbaye, en vertu du décret de prise de corps lancé contre lui, le 6 septembre 1774, seroient rayés & biffés sur les registres desdites prisons, & que mention seroit faite en marge d'iceux de l'arrêt à intervenir, par l'huissier porteur d'icelui, & à représenter leurs registres seroient tous geoliers & greffiers desdites prisons contraints même par corps; ce faisant, déchargés; le maréchal duc de Richelieu fût condamné par forme de réparations civiles, en cinquante mille livres de dommages-intérêts à cet égard; en tant que touchoit la plainte du maréchal duc de Richelieu, relative à l'accepté Peschot, que ledit Canron avoit lui-même avoué avoir mis à l'instigation de la dame de Saint-Vincent, sans contrefaction de l'écriture, & sous l'apparence d'une plaisanterie qu'elle lui a annoncé vouloir faire ; ladite plainte & tout ce qui avoit suivi fussent pareillement déclarés nuls, vexatoires, calomnieux & déraisonnables ; ledit Canron fût déchargé de ladite accusation ; il fût donné acte audit Canron des aveux & déclarations de la dame de Saint-Vincent, consignés tant dans ses réponses aux interrogatoires, que dans les confrontations avec ledit Canron & la dame de Saint-Jean ; 1°. que ce n'a été en effet qu'à sa priere que ledit Canron a écrit ces mots, *accepté Peschot*, au bas d'un seul & unique papier, reconnu pour être le premier des prétendus deux mandats dont il s'agit au procès, pour n'avoir jamais été employé à la négociation d'après la déposition de la dame de Saint-Jean ; 2°. que ces mots ont été écrits par ledit Canron sans contrefaction de son écriture ; 3°. & enfin, qu'il ne les a écrits que sur l'assurance qu'elle lui a donnée, que c'étoit une plaisanterie qu'elle vouloit faire à quelqu'un ; en conséquence, & attendu que si l'accusation du maréchal duc de Richelieu devoit donner lieu contre lui à des dommages & intérêts, la dame de Saint-Vincent en devoit également audit Canron, pour l'avoir exposé à cette accusation ; le maréchal duc de Richelieu & ladite dame de Saint-Vincent fussent condamnés solidairement en cinquante mille livres de dommages & intérêts à cet égard ; ils fussent condamnés en outre solidairement ou en tout cas, chacun à leur égard, en tous les dépens ; il fût ordonné que l'arrêt qui interviendroit, seroit imprimé & affiché partout où besoin seroit, aux frais & dépens du maréchal duc de Richelieu, jusqu'à concurrence de cinq cens exemplaires, sans préjudice audit Canron de tous ses autres droits & actions : au bas de laquelle requête est l'ordonnance de notredite cour, du 26 avril 1777, portant en jugeant & soit communiquée, & la signification desdites requête & ordonnance à Bourgeois & le Sénéchal procureurs, du 28 du même mois ; la requête du maréchal duc de Richelieu, tendante à ce qu'en procédant au jugement du procès, il lui fût donné acte de ce qu'en rectifiant les conclusions par lui prises par sa derniere requête, du 21 avril 1777, il s'en rapportoit à la prudence de notredite cour, de statuer ce qu'elle aviseroit bon être, sur la plainte en faux principal par lui rendue contre la lettre par lui prétendue écrite à la comtesse de Vence, produite au procès par la dame de Saint-Vincent, par sa requête du 18 août 1775; il lui fût pareillement donné acte de ce qu'il s'en rapportoit à la prudence de notredite cour, de statuer également ainsi qu'elle aviseroit sur toutes autres difficultés qui pourroient naître de la procédure & des conclusions que ledit duc de Richelieu auroit pu prendre, par ses diverses requêtes, depuis l'arrêt du 19 mars mil sept cent soixante-seize, sur d'autres objets que ceux compris dans sa derniere requête du 21 avril 1777, lesquels pourroient être regardés comme étrangers aux différens faux par lui dénoncés à la justice; au bas de laquelle requête est l'ordonnance de notredite cour du 28 avril 1777, portant en jugeant & soit communiquée, & la signification desdites requête & ordonnance à le Sénéchal, procureur, du même jour: la requête de ladite de Saint-Vincent, tendante à ce qu'en procédant au jugement du procès criminel intenté par le maréchal duc de Richelieu, contre ladite de Saint-Vincent, les fins & conclusions qu'elle y a prises lui fussent adjugées, & icelles reprenant, expliquant & augmentant; il fût donné acte à ladite de Saint-Vincent, du désistement formel porté par la requête du maréchal duc de Richelieu, du 28 dudit mois, de la plainte en faux principal par lui rendue contre la lettre par lui écrite à la dame de Saint-Vincent; en conséquence, & faisant droit sur les appels interjettés par la dame de Saint-Vincent, des différentes plaintes, inscriptions de faux, permission d'informer, information, nomination d'experts, décret, interrogatoires, & de toute la procédure extraordinaire faite contr'elle, l'appellation & ce dont est appel fussent mis au néant; émendant, toutes lesdites plaintes, inscriptions de faux, informations, décrets, interrogatoires, poursuites & procédure, fussent déclarés nuls, injurieux, tortionnaires & déraisonnables; ce faisant, ladite de Saint-Vincent fût déchargée des fausses & calomnieuses accusations intentées contr'elle; toutes les poursuites & procédures faites à la requête du maréchal de Richelieu, fussent déclarées tortionnaires, injurieuses, attentatoires à l'autorité de notredite cour, aux loix & ordonnances du royaume;

à la liberté des citoyens, à la sureté des familles, & à l'ordre public; il fût ordonné que l'ecrou de ladite de Saint-Vincent seroit rayé & biffé de tous regiſtres où il a été inſcrit; à ce faire tous geoliers contraints; quoi faiſant, déchargés; il fût fait défenſes au maréchal duc de Richelieu, ſous les peines que notredite cour jugeroit à propos de prononcer, de récidiver, de mépriſer les regles de la juſtice, d'abuſer de ſon crédit, de ſe donner la licence de faire faire des incurſions nocturnes & militaires dans les monaſteres & autres maiſons des particuliers, de faire fouiller dans leurs poches, ſecrétaires, & armoires, de faire piller, ſouſtraire & ſupprimer leurs papiers & leurs lettres, d'en intercepter d'autres, d'empriſonner des domiciliés & de les tenir en chartre privée, ſans forme, ſans autorité, ni décret; il lui fût pareillement fait défenſes, & ſous les mêmes peines, de faire décréter à ſes riſques, périls & fortune, ſans preuves de prétendus délits, lorſqu'au contraire il y a preuve de la témérité de ſes accuſations; comme auſſi de faire décréter ceux des témoins qui dépoſent, ou ſont en état de dépoſer contre lui, de les vexer, pourſuivre criminellement, de les menacer, perſécuter, & de changer en témoins ceux des accuſés que ſes gens d'affaire ſont parvenus de corrompre par promeſſes & par argent; &, pour l'avoir fait & s'être rendu coupable des violences, & excès, & des outrages dont ladite de Saint-Vincent étoit la victime, avoir prolongé ſa captivité ſous des prétextes frivoles & non exiſtans, il fût condamné par corps en cinq cents mille liv. de dommages & intérêts, par forme de réparation civile; il fût permis à ladite de Saint-Vincent de faire imprimer, publier, afficher & diſtribuer l'Arrêt qui interviendroit dans toutes les villes du royaume, même en pays étrangers, juſqu'à concurrence de 1200 exemplaires, ſauf aux parens de ladite dame de Saint-Vincent à pourſuivre la dénonciation qu'ils ont faite à notre procureur-général, & à notred. procureur-général à prendre pour la vindicte publique, les formes judiciaires, & le maintien des ordonnances, telles concluſions que ſa ſageſſe & ſon exactitude exigeroient; &, pour les entrepriſes violentes & l'abus du miniſtere, tant du commiſſaire Chenon, que du lieutenant-criminel, il fût permis à ladite de Saint-Vincent de les prendre à partie pour répondre aux plaintes qu'elle se proposoit de rendre, & aux demandes qu'elle formeroit contr'eux; le maréchal de Richelieu fût condamné en tous les dépens, sans préjudice à lad. de Saint-Vincent de tous ses autres droits & actions; au bas de laquelle requête est l'ordonnance de notredite cour du 29 avril 1777, portant en jugeant & soit communiquée, & la signification desdites requête & ordonnance à Bourgeois procureur, du même jour: la requête du duc de Richelieu, tendante à ce qu'il fût ordonné qu'en vertu de l'arrêt qui interviendroit sur ladite requête, & de la signification qui en seroit faite à la requête dud. duc de Richelieu à Julie de Villeneuve de Vence, à Guillaume Bazile Canron, à Alexandre-Marie de Villeneuve Trans, à François de Vedel-Montel, à Jean-Baptiste Benavent, à Claude-Guillaume Boucher de Préville, à François-Antoine Rubit, à Etienne Dubois, à Antoine-François-Balthazar-Marie-Elisabeth de Villeneuve Flayosc, à Marie-Anne Bréard, veuve de Jacques-Joseph Leroy, à Gabriel-Marc Froment, à Claude-Etienne Alléon Desgouttes, tous accusés; ils seroient tenus, savoir ladite de Saint-Vincent & ledit Canron, de se mettre en état, ès prisons de la conciergerie du palais, & lesdits de Vedel-Montel, Benavent, de Villeneuve Trans, Boucher de Préville, Rubit, Dubois, de Villeneuve Flayosc, veuve Leroy & Alléon Desgouttes & Froment, de se rendre aux pieds de notredite cour, le 14 avril lors prochain, 10 heures du matin, & autres séances de notredite cour, pour la visite dudit procès, & pour le jugement de leur procès, sinon & à faute, qu'il y seroit procédé tant en leur absence que présence, suivant, & au desir de l'édit du mois de Juillet 1773: l'arrêt de notredite cour, toutes les chambres assemblées, suffisamment garnie de Pairs, du 4 mars 1777, intervenu sur ladite requête, par lequel il a été ordonné qu'en vertu dudit arrêt, & de la signification qui en seroit faite à Julie de Villeneuve de Vence, épouse de Jules Fauris de Saint-Vincent, à Guillaume-Bazile Canron, à François de Vedel-Montel, à Jean-Baptiste Benavent, à Alexandre-Marie de Villeneuve Trans, Claude-Guillaume Boucher de Préville, à François-Antoine Rubit, à Etienne Dubois, à Antoine-François-Balthazarzar-Marie-Elisabeth de Villeneuve Flayosc, à Marie-Anne Bréard, veuve de Jacques-Joseph Leroy, à Gabriel-Marie Froment, & à Claude-Etienne Alléon Desgouttes, tous accusés ; ils seroient tenus, savoir ladite de Saint-Vincent & ledit Canron, de se mettre en état ès prisons de la conciergerie du palais, & lesdits de Vedel-Montel, Benavent, de Villeneuve Trans, Boucher de Préville, Rubit, Dubois, de Villeneuve Flayosc, veuve Leroy, Froment, & Alléon Desgouttes, de se rendre aux pieds de notredite Cour, le 14 avril lors prochain, dix heures du matin, & autres jours suivans, pour le jugement de leur procès, sinon, & à faute de ce faire, il a été ordonné qu'il y seroit procédé, tant en leur absence que présence, suivant, & au desir de l'édit du mois de juillet 1773 ; la signification faite dudit arrêt à Gabriel-Mare Froment, accusé, par exploit du 25 dudit mois de Mars, fait par Sergent, huissier de notredite Cour, au domicile par lui élu en la maison & étude de Me Bernault, son procureur en notredite cour, avec sommation d'y obéir : autre signication faite du même Arrêt à Julie de Villeneuve de Vence, épouse de Jules-Fauris de Saint-Vincent, & à Guillaume Bazile Canron, accusés, par exploit du 12 avril 1777, fait par ledit Sergent, huissier de notredite cour, avec sommation aussi d'y satisfaire : autre signification faite du même arrêt à François de Vedel-Montel, Jean-Baptiste Benavent, Alexandre-Marie de Villeneuve Trans, Claude-Guillaume Boucher de Préville, François-Antoine Rubit l'aîné, Etienne Dubois, Antoine-François-Balthazar-Marie-Elisabeth de Villeneuve Flayosc, Claude-Etienne Alléon Desgouttes, & Marie-Anne Bréard, veuve de Jacques-Joseph Leroy, tous accusés, par exploit du même jour 12 avril 1777, fait par ledit Sergent, huissier de notredite cour, auquel il a été déclaré par la fille domestique de la veuve Leroy, que ladite veuve Leroy s'étoit retirée au Temple, attendu qu'elle craignoit d'être arrêtée pour dettes civiles par ses créanciers, & que si sa présence étoit nécessaire en notredite cour, elle s'y rendroit en lui donnant une sauve-garde pour l'aller chercher, & la réintégrer dans le Temple : l'ordonnance rendue en conséquence par messires Rolland de Challerange & Titon, conseillers-rapporteurs, le 28 avril

T

1777, qui autorise Sergent, huissier, à se transporter dans l'enclos du temple, à l'effet de se charger de la personne de la veuve Leroy, pour la transférer, sous bonne & sauve-garde, dudit enclos au greffe criminel de notredite Cour, avant le jugement de son procès, & après ledit interrogatoire subi, la réintégrer aussi, sous bonne & sauve-garde, dans ledit enclos du temple : l'exploit de signification faite de ladite ordonnance à ladite veuve Leroy, contenant aussi sa conduite au greffe criminel de notredite cour, & sa reconduite en réintégrande dans ledit enclos du temple ; ledit exploit en date dudit jour 28 Avril 1777, fait par Sergent, huissier de notredite cour ; le certificat délivré au greffier de notredite cour, le lendemain 29 dudit mois d'avril, par Fremyn, greffier d'icelle, qui constate qu'au desir de l'arrêt du 4 mars dernier, & de la signification d'icelui par exploit du 25 du même mois, au domicile élu par Gabriel-Marc Froment, ledit Froment n'est point comparu au greffe criminel de notredite cour, & n'y a point point fait sa soumission : & conclusions définitives de notre procureur-général, ouis & interrogés en notredite cour, Julie de Villeneuve de Vence, épouse de Jules-Fauris de Saint-Vincent, Guillaume-Bazile Canron, François de Vedel-Montel, Jean-Baptiste Benavent, Alexandre-Marie de Villeneuve Trans, Claude-Guillaume Boucher de Preville, François-Antoine Rubit l'aîné, Etienne Dubois, Antoine-François-Balthazard-Marie-Elisabeth de Villeneuve Flayosc, Marie-Anne Bréard, veuve de Jacques-Joseph Leroy, & Claude-Etienne Alléon Desgouttes, sur les faits résultans du procès. Tout considéré :

NOTREDITE COUR, toutes les Chambres assemblées, suffisamment garnie de Pairs, faisant droit sur le tout, *SANS S'ARRETER* aux différentes plaintes *EN SUBORNATION*, rendues tant au Châtelet de Paris qu'en notred. Cour, par Julie de Villeneuve de Vence, épouse de Jules Fauris de Saint-Vincent contre Louis-François-Armand Duplessis, duc de Richelieu : *AYANT ÉGARD AUX PLAINTES EN FAUX PRINCIPAL* rendues audit Châtelet, tant par François Marion, au nom &

comme fondé de la procuration ſpéciale du duc de Richelieu, que par ledit duc de Richelieu les 27 Juillet, 20 Août, 5, 18 ſeptembre, 11 Octobre & 6 Décembre 1774; DÉCLARE FAUX les ſignatures & les CONSTATÉS ou BON POUR, apposés AU BAS DES DOUZE BILLETS dont eſt queſtion au procès; DÉCLARE pareillement FAUSSES l'écriture & les ſignatures des VINGT-DEUX LETTRES ET FRAGMENS DE LETTRES dont eſt pareillement queſtion au procès; en conſéquence faiſant droit ſur les concluſions de notre procureur-général, ORDONNE QUE LESDITS BILLETS ET LETTRES SERONT LACÉRÉS PAR LE GREFFIER DE NOTREDITE COUR, de laquelle lacération ledit Greffier dreſſera procès-verbal. Sur les accuſations en faux principal, intentées à la requête du Duc de Richelieu, CONTRE LADITE JULIE DE VILLENEUVE DE VENCE DE SAINT-VINCENT, & portée ès plaintes ſuſdatées, met les parties HORS DE COUR, tous dépens entre elles compenſés. Faiſant droit ſur les accuſations intentées à la requête dudit duc de Richelieu contre FRANÇOIS DE VEDEL-MONTEL, & JEAN-BAPTISTE BENAVENT, ENJOINT auxdits Vedel-Montel & Benavent D'ESTRE A L'AVENIR PLUS CIRCONSPECTS, & néanmoins ayant aucunement égard aux Requêtes & demandes deſdits Vedel-Montel & Benavent, condamne ledit duc de Richelieu à cet égard envers chacun d'eux, PAR FORME DE DOMMAGES-INTÉRESTS, en tous les dépens par eux faits, tant au Châtelet qu'en notredite Cour, même en ceux réſervés par l'arrêt de notredite Cour, du 29 Mars 1776. DECHARGE Guillaume-Baſile CANRON des plaintes & accuſations contre lui intentées à la requête dudit duc de Richelieu; ET NEANMOINS, faiſant droit ſur les concluſions de notre procureur-général, ENJOINT AUDIT GUILLAUME-BASILE CANRON D'ESTRE A L'AVENIR PLUS CIRCONSPECT, ET NE PLUS ALTERER DES BILLETS PAR DES ACCEPTATIONS SIMULÉES. DECHARGE pareillement Antoine-François-Balthaſard-Marie-Eliſabeth DE VILLENEUVE-FLAYOSC, Alexandre-Marie DE VILLENEUVE-TRANS, Gabriel-Marc FROMENT, CLAUDE-ETIENNE ALLEON DES GOUTTES, Marie-Anne Breard veuve de Jacques-Joſeph Leroy, Etienne Dubois, Claude-Guillaume Boucher de Préville & François-Antoine Rubit l'aîné, de toutes plaintes & accusations contre eux intentées à la requête dudit duc de Richelieu; en conséquence, ordonne que les écrous desdits Canron, abbé de Villeneuve-Flayosc, veuve Leroy, Dubois & Rubit l'aîné, seront rayés & biffés de tous registres où ils peuvent avoir été inscrits, & que mention sera faite du présent Arrêt en marge d'iceux; à ce faire tous greffiers, dépositaires desdits registres contraints par corps; quoi faisant, déchargés. Ayant aucunement égard aux requêtes & demandes de Guillaume-Basile Canron, Antoine-François-Balthazard - Marie-Elisabeth de Villeneuve-Flayosc, Alexandre-Marie de Villeneuve-Trans, Gabriel-Marc Froment, Claude Etienne Alléon Desgouttes, Marie-Anne Bréard, veuve de Jacques-Joseph Leroy, Etienne Dubois, Claude-Guillaume Boucher de Préville & François-Antoine Rubit l'aîné; condamne ledit duc de Richelieu, sçavoir, en 3000 livres envers Canron, en 30000 livres envers l'abbé de Villeneuve-Flayosc, en 10000 livres envers l'abbé de Villeneuve-Trans, applicables de son consentement & à son choix en œuvres pies, en 3000 envers l'abbé Froment, en 6000 livres envers Alléon Desgouttes, en 10000 livres envers la veuve Leroy, en 300 livres envers Dubois, en 1000 livres envers Boucher de Préville, & en 2000 livres envers Rubit l'aîné, le tout de dommages-intérêts; condamne en outre ledit duc de Richelieu, envers chacun desdits susnommés, en tous les dépens par eux faits tant au Châtelet qu'en notredite Cour, même en ceux réservés par l'arrêt du 29 Mars 1776. Faisant droit sur la demande en garantie formée par Claude-Guillaume Boucher de Preville contre ladite de Saint-Vincent, *CONDAMNE LADITE DE* SAINT - VINCENT *A PAYER AUDIT* BOUCHER DE PREVILLE *LA SOMME DE SOIXANTE MILLE LIVRES, MONTANT DU BILLET A LUI NEGOCIÉ* avec les intérêts, à compter du jour de l'échéance dudit billet; condamne en outre ladite de Saint-Vincent *AUX DEPENS* à cet égard envers ledit de Preville, même en ceux des sommations & dénonciations. Faisant pareillement droit sur la demande en garantie aussi formée par François-Antoine Rubit l'aîné contre ladite de Saint-Vincent, *CONDAMNE* ladite DE SAINT-VINCENT *A PAYER AUDIT* RUBIT *L'AINÉ*, *LA SOMME DE QUATRE-VINGT MILLE LIVRES*, *MONTANT DES TROIS BILLETS A LUI NEGOCIÉS*, avec les intérêts à compter du jour de l'échéance desdits billets, en imputant sur la valeur d'iceux le prix des meubles & effets non encore vendus, suivant l'estimation qui en sera faite par experts, dont les parties conviendront; lesquels meubles & effets ledit Rubit l'aîné est autorisé de revendiquer par-tout où ils se trouveront exister, à la remise d'iceux audit Rubit tous dépositaires contraints même par corps, quoi faisant, déchargés; condamne en outre ladite de Saint-Vincent *AUX DEPENS* à cet égard envers ledit Rubit l'aîné, même en ceux des sommations & dénonciations. Faisant droit sur la plainte en faux principal rendue en notredite Cour par le duc de Richelieu, par sa requête du 21 Juin 1776, contre la lettre par lui prétendue écrite à la comtesse de Vence, & prétendue signée de lui, ladite lettre produite au procès par ladite de Saint-Vincent, par sa requête du 18 août 1775, donne acte audit duc de Richelieu de la déclaration par lui faite par sa requête du 18 avril dernier, de ce qu'il s'en rapporte à la prudence de notredite Cour, de statuer à cet égard ce qu'elle avisera bon être; en conséquence, sur lad. plainte & accusation y portée, met les parties hors de Cour, dépens à cet égard aussi entre elles compensés. Déclare *QU'IL N'Y A LIEU A DONNER SUITE AUX DENONCIATIONS FAITES* & signifiées à notre procureur-général *PAR LES PARENS DE LADITE DE* SAINT-VINCENT; en conséquence, ordonne que lesdites *DENONCIATIONS*, *ENSEMBLE* les pièces y jointes, déposées au greffe criminel de notredite Cour les 23 août 1775 & 7 février 1776, *Y SERONT ET DEMEURERONT SUPPRIMÉES*. Ordonne *QUE LES TERMES INJURIEUX* répandus dans les différentes requêtes & mémoires respectifs des parties, *SERONT ET DEMEURERONT SUPPRIMÉS*. Sur les demandes *EN PRISE A PARTIE*, formées contre *LE LIEUTENANT-CRIMINEL DU CHATELET DE PARIS*, *MET LES PARTIES HORS DE COUR*; & faisant droit sur les conclusions de notre procureur général, ordonne que l'arrêt de réglement du 4 juin 1699, « par lequel il est enjoint à tous ceux qui croiront devoir prendre des juges à partie, de se contenter d'expliquer simplement & avec la modération convenable les faits & les moyens qu'ils estimeront nécessaires à la décision de leur cause, sans se servir de termes injurieux & contraires à l'honneur & à la dignité des juges, à peine de punition exemplaire », sera exécuté selon sa forme & teneur ; en conséquence, ordonne que les TERMES INJURIEUX AUDIT LIEUTENANT CRIMINEL contenus dans les différens mémoires & requêtes des parties, SERONT ET DEMEURERONT PAREILLEMENT SUPPRIMÉS. Ordonne que les actes produits au procès par le duc de Richelieu pour y servir de pieces de comparaison, seront rendus à Dumoulin & Arnould, notaires, à l'effet par eux de les rétablir au rang de leurs minutes, en donnant par lesdits Dumoulin & Arnould bonne & valable décharge au greffier de notredite Cour ; comme aussi ordonne que toutes les autres pieces étant au procès & non déclarées fausses, seront pareillement rendues aux parties à qui elles appartiennent, en en donnant aussi par lesdites parties bonne & valable décharge au greffier de notredite Cour ; à faire lesdites remises ledit greffier contraint ; quoi faisant, il en sera bien & valablement quitte & déchargé. Sur le surplus de toutes les autres demandes, fins & conclusions respectives des parties, les met hors de Cour. Permet à Antoine-François-Balthazard-Marie-Elisabeth de Villeneuve-Flayosc, Alexandre-Marie de Villeneuve-Trans, Marie-Anne Bréard, veuve de Jacques-Joseph Leroy, Etienne Dubois, Claude-Etienne Alléon des Gourtes, Claude Guillaume Boucher de Préville & François-Antoine Rubit l'aîné, de faire imprimer le présent Arrêt, chacun jusqu'à la concurrence de cinquante exemplaires, & d'en faire afficher dix aussi chacun par-tout où bon leur semblera, le tout aux frais & dépens dudit duc de Richelieu. SI MANDONS au premier notredit huissier de notredite Cour de Parlement, ou autre notredit huissier ou Sergent sur ce requis, mettre le présent Arrêt à exécution. De ce faire te donnons pouvoir, sans pour ce demander placet ni pareatis. DONNÉ en notredite Cour de Parlement le septieme

BIBLIOTHEQUE ROYALE

jour de Mai l'an de grace mil sept cent soixante-dix-sept, & de notre regne le troisieme. Par la Chambre, *Signé*, LE COUTURIER. Collationné. *Signé*, LE BRET. Contrôlé. *Signé*, MASSIEU.

De l'Impr. de L. CELLOT, rue Dauphine 1777.

www.ingramcontent.com/pod-product-compliance
Lightning Source LLC
LaVergne TN
LVHW012006220826
846092LV00001B/259